Orbis Tertius es un conjunto de recopilaciones literarias creadas por una sociedad "secreta y benévola", que se propone crear un planeta. *JLB*

COSTA RICA

IDEAS - HOMBRES - HECHOS

José Abdulio Cordero Solano

CR860
C794c

Cordero Solano, José Abdulio
Costa Rica: Ideas, hombres, hechos
/José Abdulio Cordero Solano - 1era Edición Pérez Zeledón, C. R. Editorial Nacimiento, 2023
139 p. 21x13,5 cm

ISBN: 978-9930-582-79-4

1. LITERATURA COSTARRICENSE 2. ENSAYO
I. Autor II. Título

Orbis Tertius Editores
La Ribera de Belén, Heredia, Costa Rica
Teléfono 8321-8634
E-mail: orbistertiusediciones@gmail.com
Diseño y diagramación. William Flores

A mis padres, que de Dios gocen.
A mi esposa y a mis hijos.
A mis hermanos,
especialmente
al Pbro. José Manuel Cordero.

AGRADECIMIENTO

Agradezco de corazón al Dr. Guillermo Malavassi Vargas, por haber sustraído valioso tiempo a sus ocupadísimas jornadas para dedicarlo a la lectura de mi borrador. Además, muy gentilmente me ofreció valiosas observaciones y, por añadidura generosa, me brindó los conceptos amables que figuran en el prólogo.

NIL VOLITUM QUIN PRAECOGNITUM

Don Abdulio Cordero Solano, intelectual y educador justamente apreciado, obsequia a sus lectores una nueva obra.

Tengo el privilegio de haber sido compañero de estudios, en el Colegio de San Luis Gonzaga, de don Abdulio. Allí en las aulas de aquel colegio, en las amistosas e interminables conversaciones informales, mas sobre todo en ocasiones en que alguna cuestión planteaban algunos maestros como D. Mario Sancho, D. Teodoro Olarte, D. Gonzalo Ortiz Martín, el joven Cordero solía manifestar un pensamiento hijo de sus lecturas y de su sólida formación cristiana que resultaba superior a la de sus otros compañeros. Era persona de vocación intelectual, de sereno reflexionar, de muchas lecturas... y logró, al crecer, dar curso en sus estudios superiores y en su tarea docente y en sus largas y fecundas lecturas a muchos anhelos, pero particularmente a conocer elementos centrales de la nacionalidad costarricense.

Aquella su primera obra El ser de la nacionalidad costarricense, publicada en su primera edición por la Editorial Tridente, en Madrid, constituía indubitable manifestación de un gran amor a las cosas nuestras, traducido en paciente estudio, cuidadoso análisis, crítica exacta de enfoques no correctos de otros que se han ocupado de las cosas de la Patria. Así expuso las vigencias básicas de la comunidad costarricense y analizó con valoraciones y perspectivas novedosas la independencia, la Universidad de Santo Tomás, erróneamente clausurada por lo que de bueno y auténticamente nacional tenía, y la Campaña Nacional, crisol de nacionalidad.

En esta nueva obra toma el Lie. Cordero como tarea ideas rectoras de la vida política costarricense. Así analiza puntos delicados de la Unión Centroamericana, el liberalismo y su papel en esta cuestión, la disolución de la República Federal, el papel de D. José María Castro en estas vicisitudes, la libertad de prensa, la inviolabilidad de la vida humana, la paulatina conformación del presidencialismo y las crisis que sufrió su realización, Carrillo y su papel en la historia de esta Nación.

El método que sigue ya le es connatural: toma obras de investigadores connotados, de ellos toma puntos de partida para establecer sus propias manifestaciones y penetra con gran propiedad en los puntos débiles en que la historia no ha sido respetuosa de la verdad, para establecerla. Limpia los hechos de algunos desechos, replantea las cuestiones, arguye contra el error histórico, distingue las confusiones y concluye en los diversos capítulos de la obra con puntos de vista que hacen posible apreciar mejor el discurrir institucional, que rescatan el bien que realizaron los sujetos de la historia y que llevan como de la mano a conocer mejor y, consiguientemente, a amar más a la Patria. Porque nada se ama si antes no se lo conoce bien.

Me ha resultado edificante leer la obra del Lie. Cordero Solano: por su valor intrínseco, por la satisfacción de saber que hay vocaciones que se dedican con constancia y acierto a analizar y publicar las grandezas de la Patria y por disfrutar del trabajo de un amigo muy apreciado.

Historia magistra: bien está recordarlo, pero hay que ser consecuente. Hay más alto provecho de la lectura de esta obra si se acompaña del conocimiento de la bibliografía que como marco mayor constituye la perspectiva adecuada.

Muchas gracias, D. Abdulio, por sus libros. En éste usted ofrece el siguiente sobre el curso del desarrollo de nuestra institucionalidad.

¡Quiera Dios -Señor de la Historia- que así sea!

Guillermo Malavassi V.

27 de julio de 1993

INTRODUCCIÓN

Mi propósito ha sido reflexionar sobre las ideas rectoras de la vida política costarricense, no tomadas en abstracto, pues menguarían su interés, si no incorporarlas al afán cotidiano de los ciudadanos relevantes y de las generaciones cimeras. He tratado de seguir sus huellas, impresas en documentos, en los hechos y en la vida de la nación.

Como aficionado a la lectura de obras históricas, preferentemente de contenido nacional, me he servido de los estudios realizados por conocidos y respetados historiadores, para extraer de sus escritos los elementos en que presumo sustentar mis propias disquisiciones. Estas se orientan a seguir el rastro del pensamiento que, directa o indirectamente, animó el nacimiento y el desarrollo de nuestra institucionalidad. Sin las pretensiones de ofrecer una visión sistemática y exhaustiva del fundamento filosófico del proceso constitucional, he merodeado un poco en esos predios, a sabiendas de los riesgos que habría de correr.

En el discurso fluyen algunas cuestiones históricas que surgieron al inicio de la organización social y política y han vuelto a salir a la superficie en varias oportunidades. Estos problemas han estado íntimamente ligados a ideas, a personas, a grupos y a generaciones y, por consiguiente a hechos de nuestra historia. Entre tales cuestiones se cuenta la Unión Centroamericana, problema que inundó de preocupación a todas la antiguas Diputaciones Provinciales, durante las primeras décadas de la vida independiente.

Centroamérica erigió, en el pasado, monumentos a la memoria de connotados unionistas, mientras sumía en el círculo de la ignorancia más despreciable a los separatistas, en cuya lista negra descollaban costarricenses, a quienes la Patria inscribió luego en los mejores folios de su historia. Costa Rica vivió, durante gran parte del Siglo XIX, un sensible desequilibrio de poderes, como secuela de la tesitura constitucional federalista. Eminentes ciudadanos que ejercieron el gobierno de la nación en esas circunstancias, no pudieron más que ver limitada, deslucida o fracasada su gestión. En el juego valorativo del problema y del esfuerzo histórico tendiente a resolverlo, también he osado echar mi cuarto a espadas.

Debo advertir que, por razones de oportunidad y de conveniencia, este volumen se circunscribe al Siglo XIX.

Lic. José Abdulio Cordero Solano

COSTA RICA

IDEAS - HOMBRES - HECHOS

EL LIBERALISMO EN LA INDEPENDENCIA CENTROAMERICANA

Los acontecimientos humanos se suceden en una línea continua de sinuosidades que ocultan, con frecuencia, el engarce causal que los hace inteligibles. Dicho engarce gravita en el espíritu, fecundo surtidor de las ideas que preceden a toda realización. Y la vida de un pueblo, en todas sus manifestaciones se realiza con arreglo a un ideario, el cual se hace más o menos consciente. Ese ideario implica la presencia activa del hombre en su naturaleza, tanto individual como social; comprende los nexos del individuo con la comunidad, sus derechos, sus obligaciones y el grado y manera de su propia subordinación a la entidad social y política. Esto hace que los fenómenos de la vida política se produzcan en un determinado orden que el estudioso debe percibir, sin cometer el error de interpretarlos como hechos aislados.

> **"El estado social** *-escribe de Tocqueville-* **es de ordinario producto de un hecho, a veces de las leyes, y generalmente de estas dos causas juntas; pero una vez que existe, puede considerársele por sí mismo como la causa primera de la mayoría de las leyes, costumbres e ideas que rigen la conducta de las naciones."**- *De Tocqueville, Alexis, La Democracia en América, versión española en Clásicos de la Democracia, San José C.R. 1986-.*

La Independencia fue el hecho que desencadenó en Hispanoamérica la serie de fenómenos sociales y políticos que llenaron todo el siglo XIX. En cada zona, en cada circunscripción desgajada de la inmensa Colonia Española, la Independencia repercutió de modo particular. En el acontecer independentista hubo altas virtudes y debilidades significativas que sin duda proceden, tanto del movimiento general de las ideas como de la mentalidad y el temperamento de los hombres a cuyo cargo corrió la dirección y jefatura de los acontecimientos, incluso la creación de los Estados. De El Economista (México 1941), recoge Hernán G. Peralta el texto siguiente:

> **"La Revolución Francesa fue grandiosa y redentora; pero sus repercusiones en el Nuevo Mundo fueron graves y trascendentales. De ella nacieron nuestros libertadores; pero de ella también emergió el caudillaje violento que hizo vivir a los pueblos de América en perpetua ebullición durante casi todo el siglo XIX..."**- *Peralta, Hernán G. Agustín de Iturbide y Costa Rica (1968), p. 399.*

Los libertadores, preñados del semen olímpico europeo, lanzaron el grito de guerra. Ellos llevaban en alto pendones con orlas purpúreas, banderas que habían salpicado con sangre los héroes de bandos hermanos: españoles de España y españoles de América. Estos últimos buscaban la nueva eclosión de sus raíces, como lo habría dicho el Dr. C. Láscaris- Palabras (1976).

La victoria final de las huestes "americanas", tras el gran holocausto, es la epopeya colosal de la antigua colonia española que devino libre en la fase matinal del siglo XIX Los adalides de la Revolución, soldados bizarros con suficientes luces, marchaban al campo, iluminados por el mismo fanal de 1789. En un sentido lato, eran filósofos y políticos que hacían de poetas en los claros de la batalla. En esos mismos claros, silenciado el eco de los fusiles, estos trovadores de la libertad, se iban sintiendo obligados a justificar, en parte con la ideología que configuraban, su acción emprendida y, al cabo, su acción consumada. Se puede hablar de veras de un pensamiento "comprometido".

En los ámbitos de la Capitanía General de Guatemala cundió el desasosiego, con brotes de osadía libertaria en San Salvador (1811), secundados por patriotas de León, de Granada, de Ciudad Real. Razón ha tenido Arturo Valdés al reclamar justicia histórica para Centroamérica cuando se vierten juicios sobre la Independencia. Él dice:

> **"Se ha escrito reiteradamente que Centro América alcanzó su independencia sin que se derramara la sangre de sus hijos"**-Valdés Olivas, Arturo, Los Pasos por la Independencia y después de la Proclamación (1967), p.9-

El autor sustenta su tesis aludiendo a la mentalidad y a la actitud de los patriotas centroamericanos, encabezados por el ilustre Dr. José Matías Delgado. Agrega que la Junta convocada por G. Gaínza el 15 de setiembre de 1821, "simbolizaba...el ideal de libertad, igualdad y fraternidad"- Valdés Olivas, a. c. p. 53-. Y es verdad; se erguían entonces, ufanos, los principios de Maximiliano Robespiere, enunciados en tono idéntico y apasionado. El Canónigo José María Castilla pedía, en aquel momento inusitado de cambio,

"la inmediata proclamación de la Independencia, insistiendo en que la voluntad del pueblo era la única digna de respetarse"- Valdés, o. c. p. 54-.

Aquel era el mismo lenguaje de los doctrinarios europeos en las voces de un iusnaturalismo reminiscente.

La profundidad de John Locke, los destellos del iluminismo romántico de Rousseau, la incitante fortaleza de Montesquieu, engendraron la visión política de los libertadores de Norteamérica, desataron en Francia el alud social y político que sepultó a la monarquía de Luis XVI y encendieron, finalmente, la antorcha de la independencia hispanoamericana.

Para una mejor comprensión de los acontecimientos, conviene identificar el flujo liberal que regó la simiente política de Iberoamérica, una vez emancipada. Desde Rousseau y aun antes de él, las ideas liberales condujeron a una bifurcación de soluciones en cuanto al arreglo de la vida social en un orden político. Las dos fórmulas ideológicas, en forma pura, resultaban en la práctica irreconciliables y radicalmente utópicas: el individualismo y el socialismo. En íntimo nexo con la primera surgió precisamente la corriente del pensamiento liberal: la majestad del individuo con todos sus derechos, frente a las irrestrictas potestades de la Monarquía. Pero el individuo realmente constituía parte de una colectividad y, supuestamente en representación de la misma, Los Estados Generales ejercieron su acción legítima en las vísperas de la Revolución Francesa. El socialismo, insalvablemente presente, aunque en ciernes, en las prédicas de los ideólogos de la Ilustración, tomó cuerpo en el Contrato Social, al lado del principio reiterado del fuero individual. ¿Cómo transitar del ámbito sagrado de la libertad individual, a un régimen de Estado, de leyes, de autoridad? Muy sencillo; como René Descartes libró la dicotomía de la materia y el espíritu con una especie de Deus ex Machina, los "espíritus malignos ", Rousseau resuelve la antinomia del individuo y el Estado, de la libertad y la autoridad, con el Contrato

Social.

La utopía mencionada fecundó el óvulo iberoamericano y engendró la historia de este continente, en orden de su vida emancipada. La generación de los patricios que juraron la Independencia en Guatemala y emitieron luego la Constitución de la República Federal Centroamericana, estaba poseída de aquella idealidad. En ese documento quedó la huella del gran movimiento europeo. Véase el texto de algunos artículos de esa constitución:

"artículo 2°. Es esencial al Soberano y su primer objeto, la conservación de la libertad, igualdad, seguridad y propiedad".

Es obvio que el "soberano" es el pueblo y que la igualdad y la propiedad son preferentemente del individuo; que el Soberano, en el contexto, ya es producto del Contrato y, en ese primer acto, ha generado la Ley Suprema. El artículo 181 establece:

"No podrán el Congreso, las legislaturas de los Estados ni de las demás autoridades: inc. 4°. Tomar la propiedad de ninguna persona, ni turbarles en el libre uso de sus bienes, si no es en favor del público cuando lo erija una grave urgencia legalmente comprobada y garantizándose previamente la justa indemnización". Con igual encabezado, el artículo 182 establece: "No podrán: dispensar las formalidades sagradas de la Ley para allanar la casa de algún ciudadano o habitante, registrar su correspondencia privada, reducirlo a prisión o detenerlo"-Peralta, Hernán G. Las Constituciones de Costa Rica (1962) pp. 181, 227, 258, 259.-

Como se puede ver, el sujeto de las libertades es el individuo, la fuente de las garantías individuales. El Estado, la ley, la autoridad, se constituyen en garantes del respeto absoluto de estos derechos. Claro que se deja salvado el interés público, a manera de una tímida limitación a la amplia protección del interés individual.

Sería un grave error interpretar como un hecho aislado esta enfática preocupación que contiene el texto de las proclamas, de las juras solemnes, de las actas de los ayuntamientos y, de modo especial, de las constituciones. El influjo de las ideas y de los acontecimientos correspondientes a la Independencia y a la organización de Los Estados Unidos de Norteamérica, en la mentalidad, no sólo centroamericana, sino en todo el continente liberado, es una verdad admitida en forma general. H .G. Peralta-El Pacto de Concordia (1959), pp 7, 8, 9- advierte que la constitucionalidad centroamericana es una derivación consciente de la Constitución de los Estados Unidos. De igual modo escribe otro jurista, costarricense cuando agrega que:

> **"sus legisladores -los de toda América- pusieron la mirada, a la hora de su organización política, en la sabia carta magna de los Estados Unidos, copiando el capítulo de los derechos individuales y adoptando el régimen federal en muchas de las repúblicas de origen hispánico,..."**-Alvarado Quirós, Alejandro, La Democracia (1939), p. 40.

La salvedad hecha en la final del texto citado, en forma tácita contempla a Costa Rica, El Lic. Peralta profundiza en esta particularidad costarricense, como aspecto fundamental contenido en su obra "El Pacto de Concordia".

Por ahora interesa destacar la relevancia que adquieren las garantías individualesen las constituciones centroamericanas, muy particularmente bajo el sistema Federal. El liberalismo, en su dimensión individualista, impuso indudablemente su dominio.

La corriente filosófico-política ovuló en el Siglo XVII, tuvo su alumbramiento en el Siglo XVIII y su gran desarrollo en el Siglo XIX, el mismo en que tuvo lugar la gran industria, el mismo en que irrumpió la Independencia iberoamericana.

UNIONISMO NORTEAMERICANO
Y UNIONISMO CENTROAMERICANO

En América Central repercutió, como se ha dicho, el modelo de organización política de la Unión Americana: la Federación. Esta era una de las alternativas planteadas por el liberalismo. Proudhon fue el más preciso delineador teórico del sistema federativo, perfectamente ajustado al celo liberal por el respeto a las libertades individuales, con una salida viable al funcionamiento del Estado y de la autoridad; más cercano a la concreción del Pacto Social que utópicamente había definido Rousseau, Proudhon concibió un Estado parcelado en jurisdicciones delimitadas. La fórmula permitiría conciliar, en buena parte, los extremos antinómicos inherentes a la idea liberal: la libertad y la autoridad, La concepción proudhoniana, como tal, quedó en la fase teórica pero, como se verá luego, y tomando como base la descripción de Alexis de Tocqueville, la organización social y política de los Estados Unidos, responde, en gran medida, al sistema federativo esbozado por Proudhon. Quiere decir esto, que el modelo de organización social, surgido en la Nueva Inglaterra, resultó ser una fórmula para resolver la grave contradicción entre la autoridad y la libertad. De ese modo se atenuó la sensación de una autoridad homogéneamente ejercida y se favoreció la vigencia de una espontaneidad organizada y disciplinada. El régimen levantado sobre esta estructura difiere, totalmente, del que corresponde a un sistema unitario centralizado que, como secuela antropológica del

Imperio; habría llegado a herir la sensibilidad del pueblo. Bajo el nuevo régimen, los espíritus individuales nutren su existencia, sin menoscabo de la ley ni del bienestar común, en el mejor abonamiento de la convivencia. Al fin de cuentas, el ensayo político que se consolidaría en la antigua Colonia Británica sería el federalista proudhoniano, aunque podría parecer tan ajeno y tan precoz.

Entre los varones señeros, arquitectos de la Organización Política de los Estados Unidos, estuvo presente la reserva generada por la contradicción doctrinal anteriormente apuntada.

> **"Algunos de ellos, como Robert Morris y James Wilson, formaban con Hamilton en la larga y enconada lucha por un gobierno nacional fuerte. Otros, entre ellos Washington y Madison, se avenían a aceptarlo como un mal necesario. Había otros, como por ejemplo Franklin y Jefferson** (anti federalistas) **quienes sólo aprendieron a tolerarlo. Sam Adams y Patrick Henry, quienes fueron los que permanecieron más cerca del pueblo, entre todos estos líderes, lo aceptaron solo a regañadientes y cediendo a presiones".** -Miller, William. Historia de los Estados Unidos, versión española (1963), p. 179.

Los baches utópicos del federalismo teórico fueron siendo cubiertos, en Norteamérica, con elementos vigorizantes del poder, los "remedios", bajo los cuales subyace un anarquismo superado. El sentido pragmático nato del norteamericano condujo a la admisión de fórmulas conciliadoras de aquellos principios doctrinarios, con el obstáculo inexorable de lo real. En principio, pero con suerte muy distinta, se inició también en Francia un movimiento semejante, cuando ésta

> **"se dislocó en municipios autónomos que de manera espontánea se federaban alrededor de los grandes centros urbanos... Sobre las ruinas de la vieja monarquía centralizada se agrupaba en una federación de municipios"**. -Pirene, Jacques, Historia Universal, volumen V (1972), p. 13.

En La Comuna de París, en 1848, según Arvon, se instaló la estructura propia de un anarquismo positivo- Arvon, Henri, El Anarquismo, (1971).

Del individualismo puro y de su correlato, el colectivismo, se nutrió la mente de los próceres norteamericanos. Mas para salvar el abismo existente entre los principios, por autovacuna se proveyeron de sus defensas, extrayéndolas de la savia que fluía por las venas de su independencia. Factor capital lo constituyeron las circunstancias de aquella experiencia colonial, como se colige del cuadro histórico que ha trazado A. de Tocqueville.

Y, ¿EN CENTRO AMÉRICA?

El mismo patrón federalista, pero sin los "remedios", se tomó en Centro América. H. Peralta transcribe un texto de Fernández Guardia, que se refiere a este extremo mencionado:

> **"Los autores de la Constitución Federal tomaron por modelo la de los Estados Unidos de Norteamérica, sin considerar la diversidad de índole, ni la falta de cultura y de educación de los pueblos centroamericanos. Este error lamentable fue la causa del fracaso de la Federación."**-*Peralta, Hernán G., Las Constituciones de Costa Rica (1962), p. 51.*

En Centro América se impuso el individualismo, favorecido por un substrato étnico propicio y una experiencia colonial de vecindad fertilizante. Ocurrió lo que señala Pirene del país galo y especialmente de la Constitución francesa de 1791, que

> **"a partir del siglo XVII, llevaba a la sociedad francesa, paso a paso, hacia el triunfo del individualismo"**- *Piren; Jacques, o. c., volumen V, p. 19.*

La Declaración de los Derechos del Hombre, parte capital de la Constitución Francesa (1791), tiene una resonancia intensa en la Constitución de la

República Federal Centroamericana. El individualismo deviene personalismo en la conciencia espontánea erigida, además, sobre los fundamentos del derecho natural recibido por los patriotas en su formación religiosa. De ahí surge el hecho de que el espíritu de la institucionalidad nacida en 1821 se alejase un tanto del que informó el pensamiento de la Ilustración. En Centro América se mostraba una idea y una voluntad cordialmente separadas del iluminismo político. Aquellas eran una idea y una voluntad distantes incluso de las que atribuye Laski a la clase media del siglo XVIII, cuando dice:

> **"No quiero decir... que el siglo XVII se hiciera volteriano en manera fundamental alguna. La clase media tomó de Voltaire lo que deseaba, que, en esencia, era un evangelio de la libertad civil".** *-Laski, Harold, El Liberalismo Europeo, (1947), p.p.*

En la República Federal el ciudadano, es decir, el iniciado en los ritos de la religión civil, es principal sujeto del derecho, pero mantiene su "status" íntimo de cristiano. El credo de Voltaire cimentado en algunos de los próceres norteamericanos como Jorge Washington, no se adoptó como tal en esta nueva república. Si se adoptó, no fue sino más tarde y solo por algunas "élites" que ejercieron el gobierno y algún liderazgo intelectual.

Hecha la salvedad anterior, hay que reconocer, que en la Constitución Federal y, consecuentemente, en las de los estados, se aprecia la presencia de las ideas liberales. El individuo, con los atuendos morales de persona, es núcleo de valoración y sujeto de los derechos reunidos, básicamente, en el as de garantías individuales. El artículo 13 de la Constitución Federal establece que:

"Todo hombre es libre en la República. No puede ser esclavo el que se acoja a sus leyes ni ciudadano el que trafique con esclavos".

Esta es una cláusula de avanzada que, como se sabe, llegó tardíamente a la Nación norteamericana. Es una idea generatriz de los Derechos del Hombre, sembrada en un terreno fértil, en el amanecer de las instituciones. El principio de la libertad civil, bañado por los aires de la religión de Cristo, adviene como sepulturero definitivo del trato desigual entre los hombres permitido por la ley. Suprime toda posibilidad de convertir al hombre en mercancía; pretende más convertirlo en amo de sí mismo, en responsable de su propia existencia.

La eliminación del esclavismo en Centro América repercutió en la Mosquitia y en Belice, dominios fronterizos con la República Federal. Obviamente hubo allí desasosiego. Como se ha expresado más arriba, el principio elevado a mandato constitucional, fue una de las entregas directas, a los hispanoamericanos, por parte de los ideólogos europeos. La persona humana, con ello, recibía el espaldarazo constitucional y los ministros asistentes a la ceremonia llegaban ungidos con el óleo de un cristianismo inveterado, confundido con el aceite que se guardaría, en adelante, en los altares de la patria.

Otro destello liberal fulgura en el encabezado de la Constitución centroamericana:

"Congregados en la Asamblea Nacional nosotros los representantes del pueblo de Centro América, cumpliendo con sus deseos, y en uso de (sus) soberanos derechos, decretamos la siguiente constitución para promover su felicidad; ... afianzar los derechos del

hombre y del ciudadano sobre los principios inalterables de la Libertad, Igualdad, seguridad y propiedad; establecer el orden público y formar una perfecta federación". -Peralta, Hernán G., Las Constituciones de Costa Rica (1962), p.167.

En el contexto se presentan unidos ambos conceptos: "el hombre" y "el ciudadano". Y es que, en verdad, son derechos del hombre en cuanto tal, en la plenitud de su acepción, políticamente instaurados bajo una definición moderna. Así, el arquetipo del hombre es el ciudadano. El verbo "afianzar" ratifica la connotación de aquél, al predicar tácitamente cualidades ya declaradas como esenciales del hombre, muchísimo antes del estreno de la ciudadanía centroamericana, por la doctrina milenaria de Cristo. El Evangelio es contenido que subyace en esa figura del ciudadano centroamericano. La Constitución, además de los derechos inherentes al ciudadano, reafirma los derechos intrínsecos de su ser-hombre. Aceptada esta diferencia cualitativa del fenómeno histórico, es de advertir que ocurrió en Guatemala, lo que había ocurrido en Francia: que

"Dotado de todas las libertades, el individuo llega a ser el centro de un nuevo sistema jurídico y político procedente del modo de pensar del Siglo XVIII- sobre todo de Hume, Locke, Montesquieu y Rousseau que representa también el estadio final de la emancipación individual". -Pirene, Jaques, o. c. y Vol. c. p. 19.

La conciencia de plenitud individual inundó el sentimiento y se inflamó con la chispa romántica de poetas, filósofos y activistas. Más tarde se sentiría el soplo nutricio de J. Stwart Mill, genio propulsor del individualismo denodado y gran maestro de una segunda generación liberal.

Ahora bien; en Centro América no pudo arraigar, como en Norteamérica, el sistema federalista. La República Federal, en realidad, no pasó de ser un excelente intento de realización. Como lo han señalado varios juristas e historiadores, la "índole" de los centroamericanos y las circunstancias de cultura y educación no fueron tomadas en cuenta, a la hora de formular la Constitución Federal. Además, no se delineó, visionariamente, el preciso equilibrio de los poderes y, en buena parte por toda esta falla de arquitectura, el edificio de la República se derrumbó en los primeros movimientos de su breve y azarosa existencia. En un sentido estricto, sin considerar otras implicaciones, la República Federal Centroamericana sucumbió ante los primeros embates del forcejeo, no previsto, de la antinomia: libertad y autoridad. La Federación centroamericana quiso ser una réplica de la "Unión Americana", pero le fallaron sus estructuras de realidad.

LA INSPIRACIÓN LIBERAL DEL ESTADO COSTARRICENSE

Si es verdad que, **"La historia como ciencia es mucho más una ciencia del presente que una ciencia del pasado"**- *Zubiri, Xavier, Prólogo de la Historia de la Filosofía, de Julián Marías (1960),* es necesario pensar la propia historia en términos de presencia. El valor presencial infunde al pensamiento carices de concreción, pues lo adhiere a un pasado que le pertenece porque sus efectos se le actualizan vivencialmente. Por ello es prudente ubicarse, en el tiempo, muy cerca de la hora cero de la vida nacional independiente, Para el estudioso, esto equivale a convertirse, él mismo, en parte del objeto de su reflexión. De este modo, se mirará, en la profundidad de su contorno histórico, desde un presente que incesantemente fluye, para ubicarse con aguda cautela y hacer así menos remoto el ayer y menos insondable el futuro. De tal manera el presente puede adquirir una razón y un sentido. La historia deja de ser, en consecuencia,

> **"una simple colección de sucesos para convertirse en el drama interior de la humanidad".** Hurgando con tiento entre los vericuetos de esa historia se descubre **"al hombre que sirve aquí de punto de partida..., activo y actuante, gobernado por determinados fines, que obre con arreglo a un plan para alcanzarlos y elegir los medios conducentes a ellos... Aquí, y solo aquí es en**

donde se desnuda ante nosotros el verdadero nervio de la naturaleza y el verdadero nervio de la historia".-*Cassirer, Ernest, El Problema del Conocimiento, libro 3°" Formas y direcciones del conocimiento histórico", Vol.VI (1963), p.p. 267, 268.*

Los días de la Independencia en Costa Rica fueron de tal intensidad, que se inscribieron en la historia vivencial de la nación. Esta historia es dimensión temporal de una postura humana sosegada y reflexiva; tan sosegada y tan reflexiva que puedo crear El Pacto de Concordia,

"un resumen casi sociológico del conglomerado nacional de la época, tan exacto que pudo dar fe de una colectividad que comenzó con él un derrotero que aún perdura, que conserva constitucionalmente los lineamientos básicos de sus disposiciones". -Peralta, Hernán G., o.c.p.121. En un lapso relámpago, sin fugacidad ni celeridad ostensibles, he aquí lo excepcional, "quedó Costa Rica instituida dos meses y cuatro días después de su separación de España"- *Peralta, Hernán G., El Derecho Constitucional en la Independencia de Costa Rica (1965), p. 28.*

El tiempo se hizo ancho y albergó los sucesos, a una velocidad real, irradiando una sensación de remanso. Los acontecimientos transcurrieron ordenados por una mentalidad maciza, si no erudita, alimentada con los principios de la filosofía liberal. Dicha mentalidad supo mondar la pugna entre los principios adoptados del liberalismo y los postulados del evangelio cristiano. Los estudiosos de lo nacional han venido identificándose en esta conclusión, a medida que han auscultado en el desarrollo de la historia costarricense. Es oportuno remitir al lector a la excelente sinopsis que hace el Lic. Peralta, del proceso constitucional cuajado en el Pacto de Concordia, (Ídem. p.26), y que adquirió relieves vertebrales de la juridicidad histórica costarricense. Entonces se esbozó con líneas definidas el cuadro de la libertad proclamado por los ideólogos del liberalismo europeo; pero de aquellos ideólogos para quienes

> **"la libertad del hombre en sociedad consiste en no estar sometido a otro poder legislativo que el que se establece, por consentimiento dentro del Estado, ni al dominio de voluntad alguna, fuera de las que ese poder legislativo dicte de acuerdo con la comisión que se le ha confiado"**.-Locke, John, Ensayo sobre el Gobierno Civil, versión española (1973), p. 18.

En el fondo, lo que entonces se inauguró fue una experiencia de vida en una democracia liberal de marcada gravitación parlamentaria, un régimen de auténtica representatividad popular, con un equilibrio de poderes que, si bien ofreció debilidades quizá por algún purismo doctrinario, en el camino se vigorizó, como quedará expuesto en páginas posteriores.

El Pacto de Concordia se convirtió en el a. b. c. de la constitucionalidad costarricense. Reúne contenidos de la ideología rousseauniana y de la Enciclopedia, recogidos especialmente de la Constitución Española de 1812, vaciados en Cartago, en moldes del personalismo criollo. El Pacto Social Fundamental Interino de la Provincia de Costa Rica, el Pacto de Concordia, fue el "Pacto Social" que el pueblo costarricense de verdad celebró. El pueblo de esta provincia se halló de pronto en un estado de vacío institucional, surgido por el cese de la dependencia; Aquel sería un "estado de naturaleza" como lo calificarla Rousseau. Desgajado de su tronco imperial y a la deriva, como todos los pueblos de la antigua Colonia Española, dispuso hacerse a la veta, con segura decisión, mientras esperaba la reacción positiva de los pueblos hermanos centroamericanos. El Pacto de Concordia fue el instrumento real, tangible, que permitió a la población de la Provincia, pasar de un "estado de naturaleza", a " un estado civil", en un movimiento consciente de lo inmediato que, a la vez, constituyó una extraordinaria premonición histórica.

Habiendo transcurrido más de siglo y medio, muy pocos aciertan al juzgar la rareza de la nación costarricense, manifiesta en aspectos políticos y sociales relevantes, pues demasiado a menudo se ignora su viejo origen y, por consiguiente, el hilo profundo de su desarrollo ulterior. Solo así se explica que Jacques Lambed haya reparado en lo excepcional del presente costarricense, sin aludir siquiera a sus causas. Al analizar comparativamente a los países de América Latina escribe:

> **"El caso más difícil de definir es de un pequeño país, Costa Rica: este país constituye, en todos sentidos, una excepción. En efecto, en él no coinciden, en modo alguno, los índices de la situación económica y social. La excepción es de escasa importancia puesto que la población de Costa Rica no pasaba de un millón y medio en 1966. Costa Rica se entronca a los países menos desarrollados en América Latina por su fecundidad premalthusiana, que arroja una tasa de natalidad del 55% en 1961. Por el contrario, Costa Rica puede incluirse entre los países mejor desarrollados de América Latina, si se considera el reducido porcentaje de analfabetos, el**

20%, aproximadamente, y la amplia participación de la población en una vida política democrática y ordenada" -Lambert, Jacques, Estructuras sociales e Instituciones Políticas, versión española (1978), p. 82.

La Independencia dejó aquí, "enmontañados" -para usar la expresión acertada del Dr. Constantino Láscaris- a estos seres humanos, mal avenidos a la relación social de aquellos modestos centros urbanos. Todos tuvieron, eso sí, la conciencia de una necesidad común: supervivir como seres humanos y del único recurso para satisfacerla (la necesidad): un entendimiento recíproco, una cohesión práctica y eficaz, sobre la base de un instrumento contractual que lo rigiera. Ese documento fue el Pacto Social Fundamental Interino o Pacto de Concordia, aprobado por La Junta de Legados, en Cartago, el 1° de diciembre de 1821. Aquel tránsito veloz de un cierto "estado de naturaleza", a un "estado civil", fue celebrado con los requisitos de la teoría rousseauniana. La Junta de Legados fue la primera Asamblea Constituyente de Costa Rica, según el juicio autorizado del Lic. Hernán G. Peralta. Su integración resultó de la primera elección popular que registra la historia nacional.

La sensación de estabilidad, tan inusitada en un momento de cambio radical, permitió el ejercicio del pensamiento sereno y de la acción tranquila y cautelosa, venero reflexivo de la institucionalidad, nacida para seguir el mismo sentido en que fluía la vertiente liberal del individualismo moderado, diríase, realista, hacia un personalismo político. En el artículo 2° del Pacto de Concordia se lee

"La Provincia reconoce y respeta la libertad civil, propiedad y demás derechos naturales y legítimos de toda persona"-Peralta, Hernán G.

Las Constituciones de Costa Rica, p.134.

En el documento se reitera el derecho precedente de la "persona". El Estado realmente se creaba, por virtud de aquella carta fundamental, y asumía, por imperativo de ésta misma, la función de garantizarle, a la persona, el ejercicio de su libertad civil", con el disfrute de su " propiedad y demás derechos naturales y legítimos". Se colige del texto citado, que la Junta de Legados, valga decir, la Asamblea Constituyente, ratificaba el principio de que el hombre, en cuanto tal, mantiene su libertad, que le es inherente, inalienable; cede la parte necesaria para la convivencia, el orden y la vigencia de la autoridad y se reserva el derecho de recurrir al Estado, cuando considere menguada alguna de sus libertades.

Subráyese el grado de vigencia concreta que adquiría, en el Pacto de Concordia, el principio liberal del "soberano", como si respondiera a una tradición centenaria. El "soberano" teórico de Rousseau devenía ser de carne y hueso: el pueblo; éste nombraba a sus representantes, quienes, cuando lo necesitasen para pronunciarse sobre extremos de gran delicadeza y trascendencia, consultarían a sus representados que se reunirían en cabildos abiertos. El soberano surgió entonces a la vida con la potestad de vigilancia sobre la conducta constitucional de los funcionarios públicos. En el Capítulo VII, artículo 48 del Pacto, se lee:

> **"La Junta plena** -se refiere a la Junta Superior Gubernativa o el Poder Ejecutivo- **y sus comisiones no podrán excederse de sus facultades que se les conceden en este pacto, si lo hicieren incurrirán en crimen de acusación popular".**

Esa potestad de vigilancia sobre el comportamiento constitucional del gobernante, del funcionario, reforzaba la soberanía del pueblo y le daba el rango de permanente. La presencia del soberano no se limitaba a su participación periódica en las oportunidades electorales; ejercía su función cuando las circunstancias lo demandaran. En cambio, el "Soberano" en el Pacto Social de Rousseau, es más bien una entelequia, entendido el término según la acepción aristotélica.

Durante la Colonia regía, por supuesto que no sólo en Costa Rica y en Centro América, el llamado "juicio de residencia" al que se debían someter los gobernadores. Era un proceso jurídico cuya instrucción estaba a cargo de personal designado por la Corona. Podían comparecer y realmente lo hacían, todas las personas que tuvieran algún cargo que hacer al enjuiciado, o dar testimonio en favor o en contra de él.

El artículo 48 del Pacto Social Fundamental Interino estableció una especie de juicio de residencia. Los artículos subsiguientes fijaban los pasos del procedimiento y, con ello hacían, de la normativa general, una práctica concreta, auténtica y tangible, de lasoberanía popular. El Primer Estatuto Político de la Provincia, del 17 de marzo de 1823, o sea, el Pacto de Concordia reformado, ratificaba la potestad de fiscalía popular sobre la Diputación (art.46). La misma normativa se mantuvo en el Segundo Estatuto Político, del 16 de mayo de 1823 (artículos 50 y 51). También se incluyó el mandato en la Ley Fundamental del Estado Libre de Costa Rica (art.119). La Constitución de la República Federal de Centro América no incluyó tal normativa, hasta la Reforma acordada en San Salvador, el 13 de febrero de 1835, ya en las postrimerías de la Federación. Salta a la vista que esta importante disposición constitucional fue obra de Costa Rica, no de Centro América, en los primeros años de vida independiente y que tuvo como antecedente, el derecho público que regía durante la Colonia. No debe creerse que estas fórmulas han nacido por una coincidencia o por intuición casual; ellas se levantaban verticalmente sobre una tesis doctrinal remotamente en pugna con el liberalismo de corte rousseauniano, orientado a un estatismo socialista. Se erguían sobre un principio democrático muy venido a menos en la práctica política de las naciones, para mala fortuna del mismo concepto original y, a la postre, en menoscabo de la libertad de los pueblos.

Al dársele a cualquier ciudadano la facultad de incoar juicios en contra de magistrados, por excesos en el uso del poder, el soberano, que reúne a todos los ciudadanos, necesariamente acrece su majestad. El individuo, el ciudadano y, por extensión, el soberano, se constituyen en sujeto de un derecho civil capital rubicundo.

Doctrinariamente, el Estado se definía como la entidad reguladora de la actividad del soberano. Este quedaba envuelto en las figuras de una especie de universal, sin una concreción existencial. De ahí se originan los desvíos, en Francia, una vez concluída la Revolución, hacia un régimen de personalismo prepotente, el caso de Napoleón. De algún modo así podría explicarse también lo que sucedió en Latinoamérica luego de la Independencia: la experiencia de las tiranías y de las dictaduras, situación dominante en gran parte de la historia hispanoamericana, hasta hace muy pocas décadas. Lo que acontecía en el orden político, en Europa y en América, era el resultado inmediato del ideario precedente a la Revolución Francesa. Los desvíos de la praxis política, hacia un gobierno cuasi-absolutista postrevolucionario, en Francia como en Hispanoamérica, justificaban los primeros recelos manifiestos por intelectuales como Benjamín Constant. Este filósofo y sociólogo francés, apasionado defensor de la Revolución, acertó, durante la dominación napoleónica, no sólo al llamar la atención sobre la hipertrofia del poder personal, sino, además, al predecir la irrupción del fenómeno político de signo contrario, el socialismo. Léase su admonición:

> **"En una sociedad fundada en la soberanía del pueblo, es evidente que ningún individuo, ninguna clase, tiene derecho a someter al resto a su voluntad particular; pero es falso que la sociedad en su conjunto posea sobre sus miembros una soberanía sin límites". Y agrega: "Pero de ello -de que la universalidad de los individuos sea soberana- no se sigue que la universalidad de los ciudadanos, o aquellos que han sido investidos con la soberanía, puedan disponer soberanamente de la existencia de los individuos. Hay, al contrario, una parte de la vida humana que es, por naturaleza, individual e independiente y queda al margen de toda competencia social"**- Constant, H. Benjamín, Principios de Política, versión castellana (1970), p. 9.

En la razón que asiste a Constant, raíz suprema del liberalismo, se halla comprendido el fuero de la persona.

El celo por el respeto al derecho del individuo, a la libertad, condujo a los autores del Pacto de Concordia, a la definición precisa de garantías suficientes para prevenir el abuso que pudieren cometer quienes ejercerían funciones de gobierno: la Junta Superior Gubernativa y la Diputación, en perjuicio de la libertad individual, en nombre del “soberano". Es interesante observar la correspondencia de esta tesis, no solo con el pensamiento de Constant, sino con otros autores connotados, entre los cuales figuran Alexis De Tocqueville y, modernamente, R. Aron. Este último, al escribir sobre las libertades, cita al "Sociólogo de la Democracia", A. De Tocqueville. Dice que este alude a la "libertad en singular", término que comprende

> **"la facultad de la nación para gobernarse, las garantías del derecho, la libertad de pensar, de hablar y de escribir".**Aron, Raymond, Ensayo sobre las Libertades, (1965-1974), p.24-.

Está claro que la libertad reside en el individuo, en la persona, sujeto propio de la garantía. No obstante, por extensión, se atribuye también al pueblo que, en el acto de su independencia, adquiere la conciencia de su libertad.

> **"Únicamente un individuo, se dirá, puede ser libre o no libre, porque la libertad es capacidad de reflexión y de decisión y únicamente el individuo está dotado de esa capacidad. Pero cuando un grupo de hombres reivindica, en nombre de un pueblo actual o futuro, el derecho a formar una nación o un Estado, presta a la colectividad entera una especie de unidad. Como esa colectividad es, a nuestros ojos, lo más elevado, nos inclinamos a atribuirle una unidad comparable a la de la persona".** -Aron, Raymond, o. c., p.24-.

La conciencia y la conducta mostradas por los pueblos de la Provincia de Costa Rica en la creación del Pacto de Concordia (1821), en la emisión del Decreto de Soberanía del Estado (1838), definieron su fisonomía inconfundible en 1848, al emitirse el Decreto que declaró a Costa Rica República Soberana e Independiente. El proceso de la independencia y de la soberanía fue interno y continuo; sólo que adoptó un ritmo lento, mientras se daba tiempo a la consolidación de la República Centroamericana.

Constantino Láscaris advierte que

> **“es imposible delimitar la tenue difusión de las ideas liberales, pues en la Provincia tuvo lugar oralmente, y es por eso que solo encontramos ecos que señalan su presencia".** - Láscaris Comneno, Constantino, Historia de las Ideas Filosóficas en Costa Rica (1964), p30-.

Los ecos de la presencia de las ideas liberales, al menos en el aspecto político, se hicieron más sonoros en los ámbitos del foro constituyente, en 1821. El mismo Láscaris ha expresado que este nuevo espíritu se había deslizado en la obra constitucional de Cádiz (1812).

La independencia de Costa Rica, examinada como el proceso aludido, fue el parto de un liberalismo de orientación personalista. La creatura institucional vio el Espíritu de las Leyes, reflejado en la fogosa mentalidad del Bachiller Osejo, en su discípulo José Joaquín de Iglesias, en el ilustre don Juan de los Santos Madriz y en otros varones que ya Formaban alrededor del maestro Osejo.

El Pacto de Concordia llevaba impreso el sello de los Legados, sus autores, remojado en la sustancia de los pueblos que los habían designado. Por ello, a juicio del Lic. Hernán Peralta, el Pacto Social Fundamental Interino de la Provincia de Costa Rica, es legítimamente el primer texto constitucional del país, la Junta de Legados la primera Asamblea Constituyente y, dada la participación popular en su nombramiento, la partida de nacimiento de la democracia. Y, siguiendo el razonamiento de H. Peralta, esta no fue la característica de la gestación abortiva de la República Federal Centroamericana. La sustancia popular, nutricia de los Legados, entró, junto a los "ecos" de las ideas liberales, en la alquimia histórica del pensamiento político nacional, el liberalismo espontáneo, inspirador de las generaciones constructoras de la Patria. Aquella unicidad del pensar y del actuar que afloró en los momentos claves del alumbramiento nacional, suponían la incorporación profunda de las ideas, elementalmente asimiladas, en el cuerpo social de la Provincia durante los últimos tiempos de la Colonia. El fenómeno es verdaderamente raro, si se considera que, en esos años,

> **"aún la experiencia social no había abonado universalmente la eficacia práctica de la igualdad democrática y del régimen republicano"** - Rodó, Enrique, Independencia y República. Obras completas (1957), p. 1408.-

Porque si las ideas no eran tan nuevas, la experiencia del sistema recién se había inaugurado en el Norte de América y en Europa. En cuanto a esta provincia meridional de Centro América, se produjo lo que advierte Rodó:

> **"...se llegó de un ímpetu, a la democracia y a la República; y cuando estos principios quedaron encarnados en la realidad, los hombres cultos reconocieron que ellos los habían llevado en el alma y habían contribuido también a entronizarlos, aunque no les consagrasen, como la muchedumbre popular, aquella fe que mueve las montañas porque no reflexiona ni vacila"**. - Ídem, p.1408.-

Eso sí, para los costarricenses no se hizo perceptible el "ímpetu". Aquí "la fe de la muchedumbre" se confundió con la de los Legados. Esas características tan desusadas del comportamiento, en las que se identificaban representantes y representados, no fueron objetivamente apreciadas por la mayoría de los estudiosos de la historia costarricense. Al examinar las condiciones en las que se produjo la obra y el valor institucional del producto, Hernán Peralta se adhiere a la valoración hecha por Fernández Guardia:

> **"A los tres meses justos de haberse planteado ante ellos el muy escabroso problema de la independencia llovida del cielo, nuestros abuelos, a pesar de su inexperiencia, de su falta de recursos de todo género, de las encontradas opiniones y de las dificultades que surgieron, habían logrado darle la mejor solución posible, instituyendo un gobierno constitucional libremente electo por el pueblo"**.-Peralta, Hernán G., El Pacto de Concordia

Además, como lo ha concebido H. Peralta, en el Pacto de Concordia se refleja claramente la influencia de una tradición institucional española, lo cual separa al Pacto Social, en principios y en estructura, de los moldes que adoptó la Federación Centroamericana, tomados de la Constitución de los Estados Unidos. El Pacto de Concordia,

> **"al apoyarse en los lineamientos y en el espíritu de la Constitución de Cádiz de 1812, remontó su linaje hasta enraizado en la gran tradición jurídica española de las elecciones por parroquias de los cántabros y de los godos que reproduce el articulado del Cap. V del Pacto referido; de las cartas pueblas de la Reconquista; de las exenciones municipales que originaron la legislación foral; de los Concejos, de las Cortes y de las Hermandades; de los fueros vascongados; de la**

democracia y de las libertades castellanas; de los gremios de Valencia y de las comunidades, hasta alisar y dar tersura a la Constitución Política del Reino de Aragón, verdadera luz de la Edad Media, que otorgó a España la primacía en el desarrollo histórico de las instituciones correspondientes al Derecho Público europeo". Peralta, Hernán G., El Pacto de Concordia, p. 42

¿UNA INCONSECUENCIA?

El esquema ideológico de la constitucionalidad costarricense muestra la imagen de una inconsecuencia. Es oportuno examinar el fondo del problema. La gestación y el nacimiento de la República estuvieron caracterizados por una nota de confesionalidad categórica del Estado. En el artículo 3° del PACTO SOCIAL FUNDAMENTAL INTERINO se lee: "La religión de la Provincia es y será siempre la católica y romana, como única verdadera, con exclusión de cualquiera otra". El Pacto tiene, además, un encabezado de invocación " En nombre de Dios Todopoderoso, Padre, Hijo y Espíritu Santo, autor y Supremo Legislador de la sociedad...". El historiador H. Peralta advierte que este encabezado es el mismo de la Constitución de Cádiz. No hay duda de su procedencia. La Constitución Federal Centroamericana (1824) no incluyó tal invocación, ni aquella confesión de fe, pese a que entre quienes la formularon y aprobaron, había clérigos ilustres. Ahora bien, en el texto de la cita tomado de H. Peralta, se aprecia el engarce histórico del documento fundacional del Derecho Público de la Provincia independiente, en la tradición jurídica, de España. En el flujo de esa tradición se deslizaban los principios del Derecho Natural y el apego inveterado al culto religioso y a sus valores. El análisis cuidadoso de estos aspectos ayuda mucho a entender por qué la Provincia, una vez independiente, mantuvo el esternón organizativo y exhibió un sentimiento particular de gratitud histórica... Cordero Solano, José Abdulio, El Ser de la Nacionalidad Costarricense (1964), p.60.

Costa Rica no sufrió el desarraigo traumático vivido por otros pueblos latinoamericanos, al ingresar en su vida independiente. Su sentimiento envolvía la tradición de una vida colonial sin fijaciones convulsas ni sangrantes. Las ideas políticas liberales pudieron ajustar sus aristas de ruptura y de cambio, a los moldes de un espíritu equilibrado, que continuó su evolución sin romper la línea de su propio devenir. Esto hace comprensible ese lampo de derecho divino que se dibuja en la Carta Política, sustento del derecho positivo de la Provincia y, más tarde, de la República.

Es innegable la influencia del liberalismo en el arranque y en el desarrollo ulterior del estado costarricense. Mas se da un ajuste cualitativo a las condiciones humanas de aquella sociedad regida por valores arraigados. En este orden, y con respecto al Pacto Social primero y luego a la legislación, realmente sucedió que,

> **"el verdadero Derecho no es el que el Estado formula sino el que la sociedad práctica, vive y actúa"**-. Peralta, H. G. o. c. p.43- Es transcripción de un texto de Clemente de Diego-.

En este caso, el Estado mismo fue la primera creatura de la sociedad, Esta lo generó un tanto a su imagen y semejanza, al poner, con el Pacto Social Fundamental, los cimientos del edificio institucional que ya se aproxima a su edad bicentenaria.

Ese liberalismo costarricense, para decirlo así, al instaurar una Norma Suprema bajo la inspiración del "Creador de la sociedad y de la ley", simplemente se avino con el ideario del huésped, sin que se produjese forcejeo alguno. El sacrificio que hubo de aceptar la tesis liberal, en ese avenimiento, es significativo, si se toma en cuenta que los postulados del liberalismo económico reñían con tan solemnes invocaciones religiosas. H. Laski presenta las tesis de Hooker, un teólogo inglés que, en su interés conciliador entre los antagonismos del siglo XVI, se afirma sobre los primeros peldaños del futuro liberalismo dieciochesco y decimonónico.

> **"No son inmutables las leyes divinas y, en consecuencia, aunque las leyes sean ordenadas por Dios mismo y aunque el fin para que fueron ordenadas subsista, pueden, sin embargo, cesar si, por la alteración de personas o tiempos, se descubre que son insuficientes para alcanzar ese fin"** Laski, Harold, o. c. p.60.

Ya en el siglo XVIII había tornado cuerpo la valoración peyorativa de todo lo divino y el enfrentamiento desigual entre un laicismo desaforado y las autoridades de la Iglesia Católica. La Revolución Francesa, por razones obvias, vino a inclinar la balanza en beneficio de las huestes anticlericales y antirreligiosas. El furor de los jacobinos elevó al grado de ebullición el aire de la contienda, Entre tanto, Voltaire proclamaba el "evangelio de la libertad civil" y sustentaba su visión:

> **"la filosofía del sentido común del hombre afortunado, por estar él mismo empeñado en grandes empresas, rico y con hábitos de negociante"**. - Ídem, p. 146.-

> Como lo indica Laski **"la Iglesia rehusó acomodarse a esto"**- Ídem, p 146.

En consecuencia se la relegó a la categoría de refugio de los pobres. Voltaire, el Evangelista de la fortuna, no se propuso borrar a la Iglesia del mapa universal; la necesitaba para consuelo de los desheredados. Laski escribe:

> **"El siglo XVIII consiguió una separación entre la religión y la moral que hizo diferente la sustancia de cada una para las distintas clases sociales. La religión se convirtió en un asunto privado entre el ciudadano y su Dios o Iglesia en el caso de quienes tenían una posición; en el del pobre se hizo una institución con el contenido social de una necesidad para el orden público...Y esto, por supuesto, no se limita a Francia. Es lo mismo en Inglaterra y Norteamérica,** "- Ídem, p.147-.

Al Estado, se le daban atribuciones para adaptar las prácticas y costumbres religiosas a las necesidades sociales del momento. Era, por sus efectos, el mismo criterio que más tarde adoptaría el totalitarismo: la sumisión de la religión al Estado o su eliminación. La antigua postura de Hooker, remoto preámbulo del fenómeno que, se viene comentando, no era por supuesto antirreligiosa; constituía en cierta forma un esfuerzo de adaptación del canon sagrado, a la corriente liberal que se asomaba, presuntamente apoyada en la razón. Tomaba una posición defensiva, no exactamente de los dominios de la religión, sino negociando, cediendo, conciliando los preceptos religiosos que van a la conciencia, con los intereses materiales y las necesidades de la nueva autoridad civil Maquiavelo y Bodino habían dado fuertes mandobles contra la Iglesia, por inmiscuirse (ella) en menesteres de jurisdicción temporal. Tanto en sus orígenes remotos, como en su florecimiento, el liberalismo asumió actitudes restrictivas del valor de los mandatos divinos.

Pero el liberalismo, como término rigurosamente aplicado, no como emblema de combate, ni como escudo de clasismo social, ni como enseña de sabios, conduce a su origen inexcusable, a la libertad, consecuencia del espíritu que anida en el interior del individuo, fuente de la inteligencia y soporte de la voluntad. Es el aspecto predominantemente económico, abruptamente material, un tanto en conflicto con el principio de la libertad, lo que ha conducido hasta el liberalismo doctrinario, a sus colisiones históricas y a la mediatización de los valores religiosos y morales.

Los medios que llevan al logro de los objetivos del liberalismo económico, de fondo positivista, iban siendo cada vez más expeditos al desvanecerse, en el mundo de los negocios, los rubores oriundos de la convicción religiosa. El liberalismo constituyó una revolución y engendró magnas revoluciones. Y

> **"todas las épocas revolucionarias son desfavorables a que subsistan en sus devotos las religiones tradicionales"**. Ídem, p. 58.-

Costa Rica no vivió la revolución de que se viene hablando. La independencia en esta provincia se desarrolló como un proceso de evolución. A esto se debe todo un fenómeno antropológico que configuró un liberalismo espontáneo, sustentado en la estructura de vigencias, que no adoptó una filosofía radicalmente nueva-, actualizó ejemplarmente la suya con elementos del día, en una conjunción de afinidades. Por lo demás, no puede ignorarse que entre los Legados había clérigos y seglares, hermanados en la causa común que sustentaban, respecto de la cual no hubo disidencias insuperables. Al fin y al cabo, se apegaron estrictamente a la voluntad de sus representados.

> **"En el primer periodo de la independencia el**

clero se identifica con la nueva situación y en conjunto colabora a desarrollarla". -Láscaris, Constantino, Desarrollo de las ideas...p.120.-

Ricardo Blanco coincide con la apreciación de Láscaris, al afirmar que

> **"aquí en Costa Rica la división** (del criterio clerical) **no llegó a tanto ni a graves consecuencias y algunas de las figuras más prominentes como el presbítero Nicolás Carrillo y el Dr. Juan de los Santos Madriz cooperaron activamente en el nuevo gobierno."**- Blanco Segura, Ricardo, Historia Eclesiástica de Costa Rica (1967) p- 269.-

En ese mismo sentido, con mayor amplitud y refiriéndose al tiempo que se inició con la Constitución del Estado Libre de Costa Rica en el contexto de la Federación Centroamericana, se pronuncia González Flores, cuando escribe:

> **"Durante la organización política de los primeros períodos de gobierno, a partir de 1825, prestan su contingente como legisladores muchos de los sacerdotes graduados en la Universidad de León. Pueden citarse de esa época a los presbíteros Cecilio Umaña, Joaquín Rivas, José María Arias Guerrero, Vicente Castro, Joaquín Quesada, Julián Blanco, José Antonio Castro, Félix Hidalgo, Francisco Peralta, Pablo Rojas, Juan de los Santos Madriz, Rafael del Carmen Calvo, José Ana Ulloa, José Antonio Alvarado, José Anselmo Sancho, José Andrés Rivera, Nicolás Oreamuno, que colaboraron en la emisión de**

leyes y disposiciones encaminadas a organizar los diferentes departamentos de la Administración Pública".- González Flores, Luis Felipe, Historia de la influencia extranjera en el desenvolvimiento educativo y científico de Costa Rica. (1921), p. p 22-23.-

Para ratificar el hecho de que se ha venido haciendo referencia, valga testimonio del ilustre historiador Sanabria Martínez:

"En los años que siguieron a la independencia, los clérigos, que eran la clase social ilustrada, tuvieron gran participación en la cosa pública. No buscaban ellos esa participación. Podríamos citar numerosos casos en que se les conminó para que aceptaran los puestos en la Asamblea o en el Consejo de Estado. Se les nombraba porque eran los más visibles para el desempeño de tales funciones Solo un exaltado enemigo de los eclesiásticos podrá no reconocer la eficiencia de la participación de los clérigos en el desarrollo de nuestra legislación, principalmente en los primeros treinta años de vida independiente". - Sanabria Martínez, Víctor, Anselmo Llorente y Lafuente (1972), p.139.- El asentimiento más o menos generalizado de los clérigos a la nueva idea, contribuyó a producir esa interesante especie de hibridación católico-liberal' que presentan el Pacto de Concordia, los dos estatutos politices siguientes y, en buena parte, la Ley Fundamental del Estado, de enero de 1825. Blanco Segura declara que **"en Costa Rica algunos de los más connotados sacerdotes se dedicaron a estudiar la cuestión y a dar su cooperación para el mejor encauzamiento de los hechos".** - Blanco

Segura, Ricardo, o. c., p 270.

Este mejor encauzamiento, obra de un consenso de reflexión, es hoy, en su conjunto, una presea que luce la historia de muy pocas naciones. Puede hurgarse más aún la causa de ese raro fenómeno político, hasta evidenciar que la inconsecuencia solo es de primera impresión; que en el fondo de la madeja histórica se refleja la consecuencia de lasituación. En ese raro fenómeno se confirma la causa de una nacionalidad liberada de abruptos extremos ideológicos en discordia, de una nacionalidad sin fanatismos, indiferente por ello a las radicalidades. Friedrich Wilhelm Adolph Marr-, viajero liberal alemán que visitó a Costa Rica, escribió en 1852

> **"El pueblo de Costa Rica es el más tolerante que he conocido en materia de religión (...) No hay ninguna huella de fanatismo (...)"**.-Costa Rica en el Siglo XIX (1929), p.156.-

Porque el liberalismo como revolución había suscitado radicalismos no siempre incruentos.

> **"Ni la revolución inglesa, ni mucho menos la revolución francesa, han carecido de patíbulos o dejaron de mostrarse avaras de sangre"**. -Aran, Raymond, Ensayo sobre las libertades, p. 85.-

El talante racional que primó en los costarricenses de la independencia, no responde a una disposición mental de pura ingenuidad o de ignorancia, sino a una comprensión del significado de los acontecimientos en que ellos estaban enrolados y, de manera general, a una especie de filosofía popular subconsciente de signo liberal. Porque los participantes directos, con una cultura mayor adquirida en las aulas de León, esos estaban al tanto de las ideas nuevas. Láscaris escribe que

> **"Desde el momento de la independencia, el liberalismo se hace atmósfera general en el país... Todos los intelectuales adoptan en el siglo X1X una tesis liberal y; los políticos, todos, incluso el General Guardia, mantienen una actitud liberal"**. Láscaris, Constantino, o. c., p. 99.-

Claro que sí: hasta don Tomás Guardia, un político sin tesis política ni ideológica definida, formó fila, en la práctica, con todos los costarricenses relevantes del siglo XIX. Todos avanzaron por la ruta que trazaron los próceres del 21. En este saber o sentido común político está hundida la raíz de la democracia costarricense. Tal sentido común, en parte al menos,

> **"no proviene de convicciones ideológicas o doctrinarias sino de una formación ancestral, casi atávica con nuestros antepasados"**- Blanco Segura, Ricardo, o. c., p.274.-

Lo que Blanco llama ancestral o atávico, no es sino, la presencia continua de las **"vigencias básicas"**- Cordero Solano, J. Abdulio, El Ser de la Nacionalidad Costarricense, pp.44 a 48.- formadas durante los tiempos de la Colonia.

UNIONISMO Y SEPARATISMO,

EL FONDO DEL PROBLEMA

"En el desarrollo del liberalismo se cruzan doctrinas de tan diverso origen que enturbian toda claridad y acaso irremediablemente hacen imposible toda precisión"- *Laski, Harold, o. c., p.12-*

Este juicio, nada simpático a los cultores del liberalismo, puede aplicarse al problema enunciado en el epígrafe. En el liberalismo han hallado albergue doctrinas y corrientes antagónicas que luego han cruzado sus caminos. La misma fuente regó los predios lindantes del individualismo y del socialismo, los del anarquismo extremadamente individualista de Stirner, el anarquismo comunista de Bakunin y de Kropotkin y el anarquismo moderado, positivo, que produjo el federalismo. En el mismo vientre se gestaron, univitelinas, concepciones políticas polares, como: **1)** la teoría contractual de Rousseau, fundamento teórico del Estado y de la autoridad, cuajadas luego en las democracias liberales; **2)** la tesis radicalmente antiestatista de Bakunin, para quien no debe haber

"autoridad fija y constante de ninguna clase, sino un intercambio continuo de autoridad y de subordinación mutuas, transitorias y sobre todo voluntarias"-*Bakunin, Miguel, La Libertad, versión española (1972), p. 45.-*

3) La teoría de un Contrato Federativo, de Proudhon, menos utópico más realizable al menos que la propuesta de Bakunin. También Federico Engels y Carlos Marx, quienes ironizaban a Bakunin y a Proudhon, desde su cátedra presuntamente científica, son el fruto postrero del viejo tronco liberal. Para Bakunin, es necesario eliminar el Estado, para acabar con el capital; para Engels,

> **"la abolición del capital es precisamente la revolución social"**- *Bakunin, Miguel, o.c.p.12,*

no la abolición del Estado que, según su tesis, no menos utópica que la de Bakunin, desaparecería como consecuencia, en la fase etérea de la "sociedad socialista", como fenómeno esencialmente político. Entre tanto, el Estado representaría la autoridad, elemento que sería necesario mantener. Bakunin dice de Marx, que

> **"Siendo el escritor en apariencia más democrático del siglo XVIII, subsiste en el implacable despotismo del hombre de Estado. Fue el profeta del Estado doctrinario, así como Robespiere, su digno y fiel discípulo, trató de convertirse en sumo sacerdote".** *-Ídem p.54-.*

No hay que ir muy lejos para establecer la consanguinidad de todas esas teorías, nacidas al querer resolver la dicotomía creada, de la autoridad y la libertad. En esta línea se ubicaron también Federico Engels y Carlos Marx. Lenin, el discípulo de Engels y de Marx, quien por primeravez puso en práctica la idea política de sus maestros, interpretó en sentido contrario el principio de ellos recibido: hizo de la

> **"dictadura del proletariado, la dictadura**

sobre el proletariado". Mondolfo, Rodolfo, Materialismo Histórico, Bolchevismo y Dictadura. (1962), p.55.-

No quiso o, más bien, no pudo calzar el principio con la realidad, quizá porque esta y aquél guardaban, no solo en la Rusia pos zarista, sino, además, en sentido general y absoluto, una distancia de abismo. Lenin se identificó, en grado superlativo, con el absolutismo que combatió, en la vigorización hipertrofiada de la autoridad. La falla no secorrigió; Stalin más bien intensificó y sofisticó el sistema que continuó, con diferencias menores de grado, hasta la extinción de la Unión Soviética.

En el pacto federativo, las partes contratantes sí son entes reales que se unen en una organización descentralizada, dejando a salvo el arbitrio de los individuos, sin perjuicio del orden social, sin perjuicio del Estado y, por supuesto, de la autoridad. Se garantiza en primer lugar la libertad, las libertades, de lo cual no se puede despojar al hombre. En esto coincide el Derecho Natural. Aron cita a De Tocqueville, quien declara, en ese mismo sentido, que

> **"según la noción moderna justa de la libertad, cada hombre que haya recibido de la naturaleza las luces necesarias para conducirse, adquiere al nacer, un derecho igual e imprescriptible a vivir independiente de sus semejantes en todo aquello que le concierne solo a sí mismo, y a organizar a su parecer su propio destino".** - Aron, Raymond, Ensayo sobre las libertades (1974), p.22.-

Raymond Aron hace notar como De

Tocqueville recoge la versión liberal autentica, para cotejarla con su proyección en los acontecimientos políticos de la democracia francesa posteriores a la Revolución. Esa es la misma tesis que ofrece L. Baudin, profesor de la Facultad de Derecho de Paris, quien tiara reivindicar al movimiento luego de tantos desvíos que han enturbiado su sentido primigenio, cita a Koestler:

> **"No hay más que dos concepciones de la moral humana... la una es cristiana y humanitaria, que declare sagrado el individuo. La otra exige que el individuo esté de toda manera subordinado y sacrificado a la comunidad".** - Baudin, Luis, El Alba de un nuevo liberalismo, versión española, p.133.-

Y agrega luego Baudin

> **"la primera de esas concepciones es la del liberalismo".**

Claro que es cristiana la concepción del individuo, más bien, de la persona humana, cuya fuente es el Evangelio. Su entidad se enriquece al recibir, con las nuevas ideas, y en el orden social político, la investidura de ciudadano.

Así han cruzado sus caminos, como lo diría Laski, el Cristianismo y el Liberalismo, tan enfrentados como han estado por causa de factores diversos durante décadas de los siglos XVIII y XIX, especialmente por tamizaciones positivistas y materialistas. Lo que interesa, en estas reflexiones de sentido histórico nacional, es señalar, con énfasis reiterado, que en Costa Rica prosperó el liberalismo al que se refiere Baudin, cimentado en los principios de la moral cristiana; que tal hecho se dio gracias al influjo de las vigencias que habían germinado en la nacionalidad, mucho antes de ser Costa Rica Provincia Independiente; que contribuyó sobremanera la participación descollante de sacerdotes "ilustrados" -como lo señala Monseñor Sanabria- en la gran tarea fundacional.

En Costa Rica, en mucho mayor grado que en toda Centroamérica, no es fácil discriminar entre liberalismo, conservadurismo, unionismo y separatismo, durante aquellas tres intensas décadas primeras de vida independiente. Liberales y conservadores formaban las filas del Unionismo; liberales y conservadores hicieron causa común en el bando separatista. No es cierto que entre los unionistas hubiese solo liberales, ni que entre los separatistas solamente se hallaran conservadores. Todos se identificaron en aceptar la independencia. Así, Gabino Gaínza en Guatemala y Santos Lombardo en Costa Rica, funcionarios que habían estado al servicio de la Corona Española, solo para citar estos ejemplos, asumieron una actitud de franca participación en las actividades inaugurales de la independencia. La verdad es que, hasta los días de la Independencia, todos actuaban con arreglo al régimen de la Monarquía: unos, en funciones de autoridad y, el mayor número, obedeciendo a las normas establecidas. Cuando amanecieron independientes, todos juntos celebraron la nueva situación.

LOS HECHOS

Los sueños de Bolívar y de Morazán se produjeron al despuntar el alba de la libertad indoamericana. Habíase roto la inmensa imagen única de la Colonia. Había sido cortado el cordón umbilical de todos estos pueblos. Como siguiendo el curso de la inercia, la imaginación diseñó con presteza, la erección de grandes circunscripciones geográficas, las de los anteriores virreinatos o de la Capitanía General, etc.: naciones organizadas bajo gobiernos consolidados, monarquías, federaciones..., extensas unidades políticas levantadas bajo el signo esplendente de la libertad. Iturbide, Morazán y Bolívar fueron de esos soñadores, ninguno de los cuales, por razones diversas en cada caso, pudieron ver realizado su sueño. Durante un siglo y más aún, la suerte política de Iberoamérica seria la gran frustración del sueño de los libertadores, del sueño de libertad. Sería una dispersión de naciones, grandes, medianas y chicas, empeñadas en una búsqueda política sin el derrotero original. Algunas sólo se encontrarían ante un espejismo de su identidad y entonarían el himno a la más radical y trágica necesidad de ser- democrático.

En América Central, descartada la posibilidad de anexión al Imperio de Iturbide y fenecido el Plan de Iguala, se concibió la formación de una patria, con la integración de las provincias de la antigua jurisdicción colonial, bajo el sistema federativo, como se habían constituido los Estados de la Unión en la antigua Colonia Británica. Durante ese sueño, que duró tres décadas, los Estados, excepto Costa Rica, iniciaron una riña doméstica que ocasionó gravísimas calamidades, lucha en oportunidades promovida por la ansiedad hegemónica.

El General Francisco Morazán, hondureño, se armó caballero en las "ventas" de El Salvador, para recorrer luego los campos de la vieja Capitanía General y desfacer los entuertos de que empezó y continuó siendo víctima su Dulcinea, la República Federal, en su alumbramiento inconcluso. Las Provincias Unidas del Centro de América primero, luego la República Federal y, por último, la Pretendida Confederación, fueron, en la realidad, sólo entidades potenciales. La República Federal, a pesar de su Constitución Política y de sus organismos parlamentarios, no alcanzó a superar la prueba de su iniciación. Fue un ideal, muy seductor por cierto, que apasionó justificadamente a sus devotos cultores. Mas el éxito se desvanecía al paso que el Pacto supremo perdía sustentación -que en rigor nunca la tuvo- en la voluntad fugitiva de los pueblos contratantes. Los miembros de la Asamblea Constituyente y los del Parlamento, en sucesivas reuniones: de San Salvador, de Sonsonate y de Chinandega, se inspiraron en los principios del liberalismo, pero el néctar doctrinario que libaron se diluyó, a su encuentro con los intereses heterogéneos que se movían en los estados de la Federación.

La República Federal Centroamericana fue un conato, un destello fugaz. Y un hecho histórico de tal naturaleza, con sus causas y elementos concomitantes, debe explicárselo el estudioso, recurriendo al examen cuidadoso de los factores determinantes, sin eludir el contexto temporal y circunstancial en que se movieron. Si es cierto que intervinieron factores externos, como los de la Gran Bretaña, de Francia y de los Estados Unidos, el factor causal determinante fue la textura humana, psicológica, social y moral de las antiguas provincias. Pero el problema lo han planteado como el resultado final de una lucha entre liberales y conservadores. Esta ha sido una visión simplista, demasiado fácil, formada con lugares comunes creados por historiadores y comentaristas preferentemente centroamericanos, no costarricenses. Entre los fundadores de la especie en cuestión figura el ilustre Dr. Lorenzo Montúfar, prominente difusor de una forma de liberalismo combativo, asociado a la masonería centroamericana. Modernamente, el historiador norteamericano Dr. Mario Rodríguez, escribió una obra, voluminosa y ampliamente documentada, "Chatfield, cónsul británico en Centro América". Es una investigación exhaustiva sobre la presencia de la Gran Bretaña en Centro América, por medio del Cónsul Chatfield, durante el accidentado proceso de la República Federal. Es sin duda un estudio muy valioso. Pero en cuanto a la Federación, ofrece una versión histórica del problema centroamericano, con base en el enfoque dado por Montúfar y sus discípulos, a los factores que intervinieron en el fracaso de aquel proyecto político. Rodríguez afirma, con entera razón,

> **"que la República Centroamericana básicamente constituyó un experimento del liberalismo, o una ilustración aplicada"**- Rodríguez, Mario, (1964), Prólogo.

El manifiesta que no le

> **"sorprendió..., la ignorancia que prevalecía sobre la verdad de los hechos acaecidos en las postrimerías de la República. Para entonces**-se refiere al año 1964 en que iniciaba la investigación- **mi entrega al estudio del medio histórico centroamericano era total: estaba decidido a estudiar el movimiento liberal durante la primera mitad del siglo XIX... Aún**

cuando su opinión- se refiere a la de Efraim George Squier- no era la de un observador desinteresado- **él sostenía que los agentes ingleses, fueron, a todas luces, culpables de la desintegración de la República Centroamericana-. Si esto fuera cierto... entonces la participación de Gran Bretaña había sido desfavorable para el desarrollo del liberalismo en América Central"** … Rodríguez, Mario, (1970), Prefacio

El autor parte de la hipótesis, que parece comprobar en algunos pasajes de su obra, de que realmente el Cónsul Británico, Frederick Chatfield, actuó en Centro América, en varias oportunidades, obstaculizando la consolidación de la República Federal. Además, que lo hizo muy posiblemente bajo la tolerancia o autorización tácita del Ministro de Asuntos Extranjeros de Gran Bretaña, Lord Palmerston. Pero Rodríguez advierte que Squier no eraun observador desinteresado. Claro que no lo era, pues se trataba de un representante diplomático de los Estados Unidos de América, tan interesado en el problema centroamericano como el mismo Chatfield.

"Hay suficientes motivos para creer que los dos hombres se mostraron Impresionados el uno del otro y que los consejos que el joven Frederick Chatfield recibió le sirvieron por muchos años". -Ídem, p.66.- [1]

Chatfield actuó durante años en Centro América para velar por los intereses británicos supuestamente

[1] Se refiere a la primera entrevista entre ambos -Chatfield y Lord Palmeston- en Inglaterra, mucho antes de que Frederick viniera a Centroamérica.

orientados a dominar económicamente en la región. Quiso prevenir la intervención norteamericana en esta zona y mantuvo siempre una conducta favorable al statu quo de la Mosquitia y de Belice. Trató de informar y hasta de instruir al Ministerio de Asuntos Extranjeros de Gran Bretaña, sobre supuestos planes canaleros en América Central por parte de los Estados Unidos -Ídem, p.114-. Todo coincide con los azares de la República y ello hace verosímiles las observaciones del Dr. Rodríguez.

> **"El día 13 de ese mes- agosto de 1834- sugirió** (el Cónsul) **al Ministro de Asuntos Extranjeros que ya era hora de que Inglaterra discutiera con España la soberanía de Honduras Británica, una amenaza sobre cuya inminencia ya había él advertido al General Morazán en su entrevista de agosto y la cual el gobierno inglés puso realmente en práctica en enero del siguiente año."**- Ídem. p. 112-.

Del examen hecho por Rodríguez se desprende que Chatfield mantuvo solo el interés económico del Imperio Británico y de los súbditos en Belice y América Central. Que para lograr sus fines se movía con acendrado maquiavelismo, sirviéndose de las personas que en cada momento descollasen, pero poniendo interés menor en las ideas sustentadas por el bando prevaleciente. Fue, en verdad, un agente de puro corte imperialista. Si supo aprovechar las coyunturas favorables a la República Federal, fue por su mentalidad utilitaria y una inteligencia fuera de lo común. La influencia que pudo haber ejercido en los políticos de Costa Rica y de otros estados, tanto en asuntos económicos -respecto de los tenedores de bonos - como en lo relativo al proteccionismo militar, constituiría un factor, apenas coadyuvante, en la decisión que Costa

Rica tomó, ante el lamentable espectáculo castrense que se exhibía en el resto de Centro América.

La cuestión liberalismo-conservadurismo no fue la causa de la extinción de la República Federal. Las ideas liberales habían penetrado en ambos bandos: liberales y conservadores. Otras situaciones sí influyeron en el desenlace del proceso federativo.

> **"La conmoción beliceña coincidió con la campaña electoral en el Estado de Guatemala y fue motivo para que se gestara un plan revanchista tendiente a forzar la evacuación de Belice Británica, mediante un llamamiento a la xenofobia de los ciudadanos guatemaltecos. Este era un tema candente que lo mismo podía servir para unir a los contendientes políticos que para ponerlos en pugna, según la ventaja que ellos esperaban obtener"** -Ídem, p.115.-

El texto citado traza una imagen sucinta de la reputación de aquellos pioneros federalistas, "liberales", entre quienes figuran los Barrundias, Mariano Gálvez y Francisco Morazán. Estos varones eran, por un lado, "liberales ilustrados", arquitectos de la República; por el otro lado, diríase contradictorio, a juzgar por los escarceos de Rodríguez, ante los extranjeros, tan estimulados en el cuerpo de la Constitución, podían actuar, al igual que sus contendientes-los del bando conservador- en contra o en favor, "según lo que ellos esperaban obtener". Según Rodríguez, los centroamericanos no tuvieron nacionalidad definida. Ellos marcharon al son que les tocaba el Cónsul Inglés. En lo de la carencia de nacionalidad, puede tener razón Rodríguez, excepto en el caso de Costa Rica que, como lo demuestra H. G. Peralta, la exhibió en su comportamiento y la recibió ratificada en los actos y documentos que celebró y aprobó, con arreglo a los principios de la doctrina constitucional democrática.

Chatfield aparece, en los tiempos de bonanza federalista, como un agente extranjero proclive a la "nacionalidad centroamericana". Pero su actitud

> **"varió imperceptiblemente a finales de octubre de 1838 cuando se percató de que la crisis separatista estaba llegando a una posición irreversible. Si en realidad La República se hallaba al borde de la disolución, le convenía prepararse para lo que sobreviniera"**-Ídem, p. 236-

Lo que interesa es que Rodríguez va enhebrando sus juicios con base en la documentación del Cónsul o en relación con él. Su seguimiento documental es completo y, sin duda alguna, lo autoriza para definir la personalidad de Chatfield, como apta para realizar una gestión delicada, con astucia y pertinacia. Pero Rodríguez, al servirse de la documentación recogida, para enjuiciar el fenómeno histórico de Centroamérica, omite versiones de calificados autores de la región, por considerarlas inexactas. Por ello sólo ha indagado en las fuentes de Inglaterra, Francia y los Estados Unidos y apenas ha mencionado, muy de paso, a los pocos autores centroamericanos que le han servido, como Marure y Barundia. Él ha rastreado el liberalismo vigente durante la primera parte del siglo XIX Por eso se ha ocupado de la historia centroamericana. Según su criterio, la responsabilidad más grave del fracaso federalista recae en los caudillos de los Estados, arraigados a un separatismo sin rumbo y chapados todos a la modalidad mental y moral del "indio Carrera". Los Estados periféricos-según él lo reitera- iban siempre a la zaga del progresismo federalista. Pero de todos- siempre según su apreciación-

Costa Rica era, no solo el más separatista, el más conservador, sino, además, el Estado mejor dispuesto a enajenar su independencia:

> **"A medida que se acercaba la fecha señalada para la actuación centroamericana - por Gran Bretaña, - Centroamérica, exceptuando a Costa Rica, flameaba de indignación"**Ídem p. 402 -[2]

Costa Rica resulta ser, en esta inversión de términos, nada digna de un historiador, la única que no había sabido evaluar el sentido de su independencia.

Es un imperativo de la verdad recusar con énfasis la aseveración de que Costa Rica fue responsable de la extinción de la República Federal. Costa Rica esperó, con excesiva prudencia, a que la República se consolidara; por ello mantuvo, hasta 1838, en sus normas constitutivas, el nexo formal con la Unión. Y nada más absurdo que el otro extremo contenido en el juicio de Rodríguez: que Costa Rica era la provincia mejor dispuesta a enajenar su independencia. La historia inmediata posterior se encargó de ofrecer el desmentido rotundo a esa equivocada conclusión. Sólo que Rodríguez no para mientes en tal desmentido: Costa Rica se ubicó en la línea de vanguardia, en la defensa de la libertad, de la independencia y de los más caros derechos de los pueblos centroamericanos, cuando hubo que enfrentarse primero en Santa Rosa y derrotar más tarde, en la ciudad de Rivas, junto a los soldados de los hermanos países, a las huestes filibusteros que se habían apoderado de Nicaragua y amenazaban con someter a toda Centroamérica. Los

---

[2] Se trata de la intervención inglesa en San Juan del Norte, el primero de enero de 1848

costarricenses hicieron entonces gala de su arrojo en defensa de Centro América, contra el invasor yanqui, como lo había hecho la tropa de costarricenses que luchó, en defensa de la República Federal, en Guatemala y en El Salvador, al llamado del Presidente de la República don Manuel José Arce, en 1826. ¿Dónde está la base para la conclusión del señor Rodríguez, para quien Costa Rica era la más dispuesta a enajenar su independencia? Tómese en cuenta que lo de la Campaña Nacional fue divulgado por prestigiosos diarios de América y de Europa. Y esto, a un historiador que investigaba el liberalismo y los acontecimientos de América Central no le podía ser desconocido, máxime si ocurrió como un corolario de los mismos hechos por él investigados.

Como se trata del mismo interés norteamericano, creciente, indiferentemente de liberalismo alguno, vuélvase al juicio de Rodríguez:

> **"Y a medida que la posición de los liberales y de los unionistas mejoraba en Centroamérica, lo mismo ocurría con la intervención norteamericana. Mucho antes del despliegue de fuerzas en Grey Town, Chatfield estaba enterado de que una expedición norteamericana de quinientos hombres había desembarcado en Tehuantepec, México, ... Además, supo que el Cónsul Norteamericano en Granada, Francis J. Clark, había estado en Costa Rica en busca de datos y documentos relativos a un posible canal a través de Nicaragua"** - Ídem, p. 406. -

Se colige, como es lógico pensar de un investigador bien informado, que no ha sido la ignorancia del hecho histórico lo que influyó en el autor norteamericano para estigmatizar a Costa Rica, por su conducta política interestatal y, dígase ya, internacional.

Como se sugiere más arriba, los primeros eslabones de la invasión filibustera, de ingrata recordación para los centroamericanos se hallan en los tanteos intervencionistas que sucedieron a la vista, entonces grata, de personas influyentes y de bandos en pugna, durante los esfuerzos por consolidar la República Federal. Las aseveraciones de Rodríguez y de los escritores liberales que él cita, serían un punto excelente de referencia, para atribuir, en buena parte al liberalismo centroamericano, más aún, al unionismo, la causa más próxima de la invasión de Walker y, por consiguiente, de la GUERRA DE NICARAGUA.

Un planteamiento tal vendría a invalidar la afirmación de que

> **"El separatismo y la literatura sectaria es lo que todavía ensombrece los escritos históricos de hoy día".**

Para que se entienda, en su contexto, la sentencia última citada, vale transcribir el resto de la parrafada

> **"La obras a favor del liberalismo de Marure, Bancroft y Montúfar, fijan la pauta a seguir en el siglo que vivimos y, según el Dr. Griffith, dieron a los liberales, en campo de la historiografía, la victoria que se les negó en la arena política. Como se ve, esta generalización se apoya en el volumen de la literatura emotiva y exenta de fondo crítico que se ha publicado en relación a los grandes liberales de la historia centroamericana"** Ídem, p. 525.-

Siguiendo su ruta doctrinaria, el Dr. Lorenzo Montúfar, por el año de 1892, declaraba, en Guatemala, apoyándose en los escritos de su correligionario, Alejandro Marure y refiriéndose a la Constitución Federal, que

> **"Los liberales la sostenían y los serviles la atacaron como un mal que era preciso destruir... Al fin lograron triunfar en el ánimo del Presidente de la República Manuel José Arce, quien dio en Centro América un escándalo"** Montúfar, Lorenzo," Francisco Morazán"(1970), p. 62.-

Don Lorenzo, en sus réplicas de ardoroso polemista, no sólo trazaba una imagen simplista del proceso histórico, sino que, además, confundía el efecto con su causa. El desconcierto tan prolongado de la República Federal Centroamericana, que la condujo a sudesaparición, tienen raíces mucho más profundas en el subsuelo antropológico del Istmo. No se reducen a las raíces adventicias que halló esa generación de liberales, tan dispuestos a explicar la historia desde su ángulo ideológico. En este extremo se cumplió exactamente la observación de R. Aron, cuando advierte que

> **"las filosofías propias de cada historiador influyen inevitablemente en sus apreciaciones"** R. Aron, o. c. p. 93.-

Predicar resulta siempre fácil, Pero sustentar el contenido del mensaje en el comportamiento personal es harto difícil. Barrundia, Morazán y Montúfar hablaron y escribieron. Lo hicieron rectamente según sus propios puntos de vista. Fracasaron, sin embargo, en el terreno de la acción. Esa es la regla. Ni el señor

Rodríguez ni los autores que cité, reivindicados parcialmente por su literatura en defensa del liberalismo, ninguno se ha percatado, al dirigir su artillería contra sus adversarios, que tanto ellos como sus enemigos habían bebido de la misma fuente liberal que en su época todo lo irrigó. Aquello que Montúfar señalaba como una lucha irreconciliable entre liberales y conservadores, cuya víctima fue la República Federal, no fue sino una oportunidad de tantas en que se han cruzado y, hasta fundido, ideas antinómicas en relación con un mismo asunto, máxime si se trata del liberalismo, corno lo advirtió Laski. Por no haber parado mientes en esa condición casi ecléctica del liberalismo, les fue a Montúfar y a sus correligionarios, tan simple, tan sencillo, confundir el liberalismo y el federalismo y presentarlos enfrentados a las fuerzas conservadoras de los "serviles" “separatistas". Ellos no tuvieron la serenidad mental pare reconocer en sus ideas federalistas, la filiación anarco-pequeño-burguesa, como lo habría señalado Marx. No adivinaron tampoco la marcada consanguinidad de su credo político con las formas del individualismo y del socialismo, del capitalismo y del colectivismo. No se enteraron de que su lucha, en el plano doctrinario, era una contienda política fratricida. Es prudente advertir que, siendo el liberalismo ese gran páter familias, el analista se debe mover con cautela, ante las versiones de los historiógrafos sobre las querellas, aún las más enconadas, que se han producido entre ideólogos, doctrinarios y políticos, desde la Ilustración hasta nuestros días. Tanto más cauto hay que ser, al juzgar los acontecimientos en la convulsa y rota fraternidad centroamericana.

En el sentido anteriormente indicado, A. Bauer ha escrito

> **"Cualesquiera que hayan sido las diferencias Ideológicas y tácticas de los primeros hombres de la Independencia, es incuestionable 1) que**

el denominador común de las facciones del movimiento liberador fue la filosofía liberal. 2) Que "aparecieron los dos partidos históricos; el de los conservadores, también identificados como el de los moderados, serviles, aristócratas, gaístas, bacos, de derecha o anticomunistas- como se diría hogaño- y el de los liberales o fiebres, anarquistas, republicanos, cacos, comunistas o de izquierda, según calificativo actual" Bauer Paiz., Alfonso. Destellos y sombras de la Historia Patria. (1.966), p. 40.

Como puede colegirse, es harto infundada la tesis de que el unionismo y el separatismo, como actitudes políticas en juego durante la primera fase de la vida independiente, en Centroamérica, es una dimensión del antagonismo entre la doctrina liberal y la posición conservadora. Lo que ha ocurrido es que las conclusiones en este estudio recusadas han hecho escuela. Tienen el resabio, aún vigente, de un encono que se hundió en la estructura política y social que en Centroamérica no ha evolucionado.

COSTA RICA Y LA DISOLUCIÓN DE LA REPÚBLICA FEDERAL

La Provincia de Costa Rica estaba en el extremo sur de la antigua Capitanía General de Guatemala. Su distancia de la Metrópoli obró como un elemento favorable para apreciar, con mejor perspectiva, el fenómeno político del Istmo. Era una perspectiva tomada desde su doble ubicación: dentro del círculo, pero casi en su perímetro geográfico, hasta donde los efluvios de la efervescencia regional llegaban atenuados, apenas perceptibles. Esta circunstancia favoreció el sentido de anticipación y de singular objetividad que caracterizaron el primer lacto político de la Provincia. Las cláusulas de provisionalidad fijadas por los costarricenses de 1821, en el Pacto de Concordia, son muestras de un ánimo de espera, de una prudencia diplomática. Los Legados, al disponer lo necesario, lo elemental para emprender una marcha política en riguroso acatamiento al principio de soberanía popular, dejaron puesto el cimiento de la futura república costarricense. De un modo simple, fruto de su llaneza, los Legados celebraban la ceremonia del tránsito espontáneo, de un cierto estado de naturaleza, a un estado civil. Ellos tenían la conciencia de su responsabilidad y la confianza en el mecanismo que adoptaban para sobrevivir como sociedad organizada. Recurrieron a una "concordia" que realmente vivían y le confirieron categoría institucional; eso fue el Pacto Social Fundamental Interino de la Provincia de Costa Rica. Para ellos aquel Pacto de Concordia era la forma tangible, real, del concepto de los liberales europeos como Locke:

> **"...el estado de naturaleza entre los hombres no se termina con un pacto cualquiera, sino por el único pacto de ponerse de acuerdo para entrar a formar una sola comunidad y un solo cuerpo político".** *Locke, John, o. c., p.12.*

Así, el Pacto de Concordia adquirió, desde su mismo nombre -Pacto Social Fundamental...- las cualidades de norma suprema y exhibió su filiación liberal indubitable. El primer objeto del " Pacto" fue la " Concordia". Por su medio, el pueblo de Costa Rica se constituyó, en un lapso brevísimo, en una nación políticamente organizada, pese a su provisionalidad. Para decirlo en términos de Locke Costa Rica se incorporó

> **"a un estado independiente de los demás hombres".** *- Ídem, p. 95.-*

El fondo de solidez que tuvo el Pacto de Concordia ya se podría concebir como el primer barrunto de la Patria, en una perspectiva histórica providente, un tanto en desmedro de la provisionalidad manifiesta en el adjetivo "Interino". Entre las nieblas del cielo centroamericano se deslizó un destello de claridad que llevó, a los costarricenses, al establecimiento de un Estado, bajo la figura de Provincia, más nacido para crecer como República Independiente que para un estado de alguna federación. La provincia de Costa Rica se movió, sin pérdida de tiempo, hacia su destino definitivo. Se inspiró en los principios ideales del liberalismo y encontró, para vaciarlos, moldes precisos de objetividad, de sorprendente realismo. Los ensayos federalistas en la vecindad centroamericana, en cambio, con aciertos de idealidad y errores graves cometidos en el plano de la realidad, no pudieron arraigar. Esa fue la experiencia que los costarricenses ponderaron, al formular el Documento Político fundamental de la Provincia. Al cabo de tres décadas escasas se dio la comprobación histórica de la hipótesis tácita que aparentemente primó en los Legados: que aquellos cimientos organizativos echados en Cartago, el 1 de diciembre de 1821, serían, a la postre, el soporte jurídico de una sociedad política independiente de los demás estados vecinos. Todo ello trasluce una conciencia de la situación que se vivía y de sus proyecciones correspondientes al ensayo de la Patria Grande. He aquí el sendero elegido por los próceres costarricenses de 1821; ellos decidieron avanzar por ahí, eludiendo el peligro que señala A. Bauer para los liberales y los conservadores más progresistas, el peligro de perderse

> **"en las tortuosidades del laberinto independiente"**. -Bauer P. Alfonso, o. c p 44-

Por ese laberinto y sin el hilo de Ariadna hicieron su recorrido azaroso los pueblos de Centro América, luego de alcanzada su independencia. Más aún, en los vericuetos de esta Cnosos ístmica se despidió la República. La realidad política de los pueblos centroamericanos fue palpada con tiento por los diputados de Costa Rica en el Congreso General de las Provincias, reunido en Guatemala en 1823 convertidos luego en Asamblea Constituyente. [3]

De la distinguida representación costarricense dice el historiador Obregón Loría:

[3] En total se reunieron 72 representantes: 35 por Guatemala, 15 por El Salvador, 10 por Honduras, 8 por Nicaragua y 4 por Costa Rica. Los costarricenses fueron: José Antonio Alvarado, Juan de los Santos Madriz, Luciano y Pablo Alvarado.

"todos sus miembros eran gentes de ideas liberales" y que "El Padre Madriz era uno de los clérigos de mayor ilustración".- Obregón Loría, Rafael Costa Rica en la Federación (1974), p.31.-

El Prof. Obregón reproduce párrafos de una carta enviada por don Pablo Alvarado, el 3 de noviembre de 1823, párrafo muy rico en contenido valorativo de la mentalidad prevaleciente en aquel parlamento centroamericano. He aquí solo un fragmento del texto transcrito por el señor Obregón:

"(...) aquí no hay carácter; no hay dignidad soberana ni plebeya. El Capitalismo, padre del Centralismo, y el Monarquismo, patíbulo del Federalismo, que es el garante indestructible de la libertad e independencia, son los dos consejeros de la mayoría oligárquica de esta Asamblea. ¿Podrán los pueblos esperar algo bueno de semejante Asamblea?". -Ídem, p. 31.-

La disolución de la República Federal fue el desenlace de un proceso en que intervinieron, en forma determinante, aunque no exclusiva, factores internos como la lucha Sustancial entre los bandos "conservadores" y " liberales". Esta lucha llevó, es cierto, a la conflagración desatada en la Capital, Guatemala, y extendida luego a todo el territorio centroamericano. Como se sabe, Costa Rica fue la excepción, como lo advierte el Prof. Obregón:

"Estos bandos, el liberal y el conservador, se presentaron - además de en Guatemala- también en las otras provincias, con excepción de Costa Rica, y dieron origen a multitud de

conflictos políticos y luchas armadas". -Ídem., p.27.-

Mariano Gálvez y Francisco Morazán llevaron la bandera federal en Centro América. El primero juzgaba y actuaba con base en su formación universitaria. El segundo se solazaba con la misma idea política recogida en su devoción de autodidacta y sustentada en su trayectoria castrense. Así, un intelectual y un militar mantuvieron la vanguardia del unionismo hasta el ocaso definitivo del plan federalista. Pero las facciones, surgidas incluso dentro de los grupos más afines a las modalidades de la concreción republicana, emergían del fondo de la misma ideología política generatriz, abonadas por elementos personales divergentes. Valga citar sólo algunos ejemplos de fricciones personales: Don Manuel José Arce, reconocido liberal y federalista, al referirse a don José Cecilio del Valle, también federalista y liberal, aunque antes, como casi todos, hubiese sido fiel servidor de la Monarquía Española, lo calificaba como "un rival insoportable"; dice, además:

> **"Muy pronto experimenté que él, C. José del Valle, tiene el arte de expresar, que no sufre opinión distinta, y que su humor se exalta cuando se le contradice".** -Obregón Loría, Rafael, o. c. p. 43.-

Pedro Molina, liberal de esa misma generación y Jefe de Estado de Guatemala,

> **"entró en disensiones graves con los liberales de su propio partido".**–Bauer Paiz, Alfonso, o. c. p. 52-

Por razones que ya fueron señaladas, al exterminio del federalismo contribuyeron

> **"el sectarismo de los liberales opositores (Barrundia, Samayoa, Molina, Rivera Paz, Valenzuela y Beteta) absurdamente apasionado", y "los celos y mezquindades que separaron** -Morazán-, **de Gálvez"** - Ídem, p-p. 64-65-

En Costa Rica se percibió desde los años iniciales de la Federación, el ambiente de lucha entre bandos y entre Estados de la República Don Juan Mora Fernández, en su mensaje a la Asamblea, del 1° de marzo de 1829, informaba del envío del Lic. Manuel Aguilar, en misión de paz, ante los Estados de Guatemala, Honduras y el Salvador. Agregaba que, pese a la estimación de que gozaba el Lic. Aguilar por parte de los Estados contendientes, su misión había fracasado. Don Juan Mora, en el citado mensaje, expresaba:

> **"En tal situación se paralizó la negociación, ha continuado la lucha entre los Estados de El Salvador y Honduras con el de Guatemala; el de Nicaragua, en medio de repetidas oscilaciones, escándalos y desastres, prosigue dividido y entregado a las pasiones que le despedazan; y en suma, el Gobierno Federal con sus dependencias, que eran los únicos elementos morales que se conservaban de la Federación, han desaparecido y cesado ya de hecho"**.- Obregón Loría, Rafael, De Nuestra Historia Patria, p.105.-

Y esa fue la situación que prevaleció durante la breve existencia formal de la Federación. Lo cierto es que

"en febrero de 1839 quedó disuelto práctica-mente el Pacto Federal de 1824". Ídem, p.71. –

En el suelo costarricense, por lo contrario, no pudieron germinar bandos estables con lineamientos político-ideológicos, que se enfrentaran, como sí pulularon en el resto de América Central. Un liberal guatemalteco de actualidad ha escrito que,

"en cuanto nos separamos de España se formaron dos bandos antagónicos entre la gente ya emancipada: el de los ciudadanos que no lograron liberarse de las ideas y de las costumbres coloniales y el de los que tenían una mentalidad más desarrollada y un concepto más claro de lo que significaba la independencia. De la intolerancia de esos dos bandos salieron dos partidos políticos e históricos que tendrían, que combatir por toda Centroamérica, desde los albores de la vida republicana, transformándose según el tiempo hasta nuestros días". - Samayoa Chinchilla, Carlos, El Quetzal no es Rojo. (1956), p. p. 60-61.-

Estos dos bandos, convertido uno en el Partido Liberal y el otro en el Partido Conservador, desataron

"la serie de luchas civiles que desembocó en la desintegración de la República". -Ídem, p. 61

El divisionismo se apoderó de todos. No hubo entendimiento ni siquiera dentro del bando liberal. Mariano Gálvez, el docto Presidente del Estado de Guatemala, vivió una

"situación desesperada: para los liberales sectarios, Gálvez era un tirano y un tránsfuga; pero los conservadores no lo consideraban de los suyos" Bauer Paiz, Alfonso, o. c., p.64.-

Claro que había sectarismo liberal; ya se ha dicho en páginas precedentes. Por ello, en sentido histórico estricto, la causa de la destrucción de la República Federal no estuvo solo en la presencia de dos bandos doctrinariamente puros en abierta oposición, como lo advierte Samayoa en un extremo del texto transcrito. El factor quizá más decisivo fue el juego de pasiones personales y de pequeños grupos que buscaron el predominio. La intemperancia de los hombres que formaron en primera fila fue el caldo de cultivo de aquella lamentable desavenencia centroamericana.

En Costa Rica se aprobó un protocolo de convivencia, de concordia, que de verdad rigió, porque su fuente era la realidad social. El Lic. H.G. Peralta escribió

"en 1821 de Pacto de Concordia había sido emitido por una Asamblea elegida en votación popular, y en 1824, en cambio, la Constitución Federal de Centro América salía de un Congreso reunido por la voluntad de jefe de operaciones del Imperio Mexicano de Iturbide". -Peralta Hernán G., Las Constituciones de Costa Rica, pp. 46-47.-

En esta provincia la "voluntad general", fuente de toda norma en la democracia liberal, tuvo una vigencia absoluta como generatriz de la entidad política que entonces se inauguraba. Entre tanto, en el resto de los estados centroamericanos, los ideólogos de la República, unitarios y federalistas, no pudieron sustentarse en una realidad; fueron levantando una estructura política de utopía, un castillo de cartas que se les derrumbó. Es lo que de estos varones advierte Samayoa aunque tímidamente, con su frase entre comas

> **"Las intenciones de los próceres merecen nuestra profunda gratitud, aún cuando en la práctica sus ideas de gobierno multaran, en ciertos casos, carentes de realidad"** Samayoa Chinchilla, Carlos o. c. p. 59-.

Alfonso Bauer, al tratar de eximir a los adalides federalistas, de la responsabilidad en elfracaso de su empresa ideal, escribe:

> **"Prueba de que el fracaso no es imputable a Morazán ni a ninguno en particular... es que el fenómeno se repite en el resto de América: igual sucedió con los ensayos federalistas de la Gran Colombia, de las Provincias Unidas del Río de la Plata y de la Confederación Perú-Boliviana"**. –Bauer Alfonso, o. c. p.57. -

Al menos puede afirmarse que, en Centro América, la Federación fue una creación de la ley. La "nacionalidad centroamericana" como sustrato vital de la unidad política, fue simplemente el producto de una imaginación fecunda y encomiable. Pero no constituyó el hecho real que, necesariamente, tenía que ser anterior, en el tiempo y en el ser mismo, a la formulación de la ley. No es posible hablar de una "voluntad general" unionista. A falta de esa sustentación, la Federación feneció; la Constitución Federal quedó para la historia, como un documento doctrinariamente perfecto que no llegó a regir.

Si bien es cierto que estuvieron encarados, en los estertores de la República Federal, el "Partido Francés", el "Partido Inglés" con Chatfield a la cabeza y el "Partido Americano", estos fueron solo concomitantes. De ahí que no se puede tomar en serio la frase de Mario Rodríguez, que

> **"los Estados periféricos bailaban al son que les tocaba el violinista"** (Chatfield).- Rodríguez, Mario. o.c.p. 480.-

El Estado de Los Altos, el de existencia más fugaz, obviamente periférico, no es aludido en este juicio, pues ni siquiera se toma en cuenta. Dicho Estado rutiló por momentos en la línea de vanguardia del federalismo; podría decirse que fue un conato generado por la misma idea federalista. Fue algo así como la lucecita indicadora de la vida federal. La intermitencia de su aparición cesó al apagarse la llama de la República Es interesante si, que este sexto Estado de la Federación, durante su escasísima vigencia, dejó, como para dar fe de su paso por la historia centroamericana, una inquietud de virtualidad providente que habría de recoger, mucho más tarde, la Organización de Estados Americanos en el Tratado Interamericano de Asistencia Recíproca, conocido como Tratado de Río. Por su valor de antecedente remoto, conviene reproducir el documento:

> **"La asamblea Constituyente del Estado de Los Altos, resistiendo los últimos ultrajes infligidos a ciertas repúblicas americanas y considerando que de no contar con alianzas que constituyeran el único recurso del débil contra el fuerte, todos los estados americanos se ha-**

llan expuestos y pueden esperar una suerte parecida, ha resuelto que es conveniente decretar y decreta: Art. 1. El Poder Ejecutivo instruirá a los representantes del Estado a la Convención Nacional para que sin demora promueva allí una iniciativa a favor de un tratado con todos los gobiernos de los estados americanos, en el cual se estipula que cuando un gobierno provoque a cualquiera de las nuevas repúblicas el resto de ellas deberán cerrarle sus puertos" Idem. p. 305 [5]

Puede apreciarse que el texto del decreto reproducido, no solo es un precedente del en alguno de los extremos de este último, sino, además, de la OEA. El decreto se produjo en un momento angustioso de supervivencia por un lado y, por el otro, como una interpretación del sentir general de los liberales unionistas replegados en Quezaltenango, ante las acciones prepotentes del Cónsul Británico. Tales acciones significaban, para ellos, la inminencia de una agresión por parte de la Gran Bretaña.

[5] Transcripción textual del decreto No. 31, de Diciembre de 1839, sancionado por el Jefe de Estado de Los Altos, el 1ero. de enero de 1840

CARRILLO Y MORAZÁN,

ADALIDES DE CAUSAS OPUESTAS

EL Lic. Braulio Carrillo Colina y el General Francisco Morazán escribieron una misma página de la historia costarricense íntimamente ligada a las postrimerías del sistema federal. Se han conocido y celebrado, en Centro América y en Costa Rica, las ejecutorias del General Morazán; se han juzgado en un contexto ideal, porque de haber sido real ese contexto, la gesta de Morazán habría ordenado el proceso histórico-político centroamericano hacia la consolidación y enriquecimiento de la independencia; habría sentado las bases de un sistema político de signo liberal democrático ajustado a la existencia de las libertades. Así, los méritos del paladín federalista serían hoy imponderables. Mas el culto de veneración a esta probabilidad histórica hizo de Morazán el héroe y el mártir.

A Braulio Carrillo se le desconoció por mucho tiempo. Solo era concebido como el dictador, el caudillo separatista, un escollo para el progreso político de América Central. Apenas ha cobrado fuerza hoy la obra de justicia histórica para este hombre de méritos Carrillo estudió leyes y se graduó en la Universidad de León, Nicaragua, Agudo observador, auscultó en el comportamiento liberal, rebelde, de los hombres de cultura, frente a la dominación española, pues le había tocado nacer con el siglo de la Independencia (el año 1800). Ya graduado, recorrió los Estados centroamericanos en su afán de observación. Miró con inquietante preocupación el panorama de incertidumbre y de movilidad que reinaba en aquellos pueblos una vez independientes. Fue luego Diputado por Costa Rica en el Congreso Federal reunido en Sonsonate, El Salvador. Allí palpó el juego de los intereses que se producía y el grado de división que imperaba en el ambiente. Los grupos se debatían en un jaleo sin término, en un plano absolutamente ajeno a los principios de la Federación. Carrillo se afirmaba cada vez más en sus presentimientos acerca del futuro de esta parte de la América liberada. Barruntaba un futuro divergente de las metas a que los unionistas propendían. En aquellas circunstancias de realidad poco alentadora, Carrillo consolidaba sus presunciones e iba adhiriéndose a la tendencia de las "prerrogativas de los Estados". En el Parlamento halló, claramente reflejado, el idealismo desmesurado de la Federación. Y no estuvo satisfecho. El poseía una mentalidad y un temperamento propios para la acción ordenadora y organizativa. No era un diletante; por eso no se solazaba con el juego de concepciones impracticables. Su tiempo intelectual estaba henchido de dinamismo.

Al estar de regreso, en Costa Rica, a Carrillo se le llamó para que asumiera la Jefatura del Estado (1835), por el tiempo que le faltaba a don José Rafael de Gallegos para la conclusión del período constitucional. De tal modo, su mandato cesó el 1° de marzo de 1837. En marzo de 1838 volvió al poder. Durante este último periodo, el 8 de marzo de 1841, emitió un decreto desconcertante: la Ley de Bases y Garantías. El art. 4, inciso 2 de la ley establecía:

> **"El Primer Jefe es inamovible; y para reemplazarle, se elegirá un segundo: Este entra por derecho al ejercido del Poder Supremo, por renuncia o muerte del Primer Jefe..."** -Peralta, Hernán G. Las Constituciones de Costa Rica p.267.

Dada la cultura, la formación jurídica y, en el fondo, el espíritu liberal que animó varios actos relevantes de Carrillo, resulta difícilmente explicable el extremo antes mencionado de la Ley de Bases y Garantías. Más adelante, en este mismo trabajo, se intentará una interpretación de las gestiones controvertidas de Carrillo, especialmente de los mandatos contenidos en ese decreto. Por ahora se dibuja la imagen de un déspota ilustrado. Los textos del encabezado del decreto, parte inicial, y del artículo transcrito, son tan enfáticos en el sentido de la inamovilidad del Primer Jefe del Estado, que oscurecen el valor de la observación incluida en la parte final del encabezado. Véase dicho párrafo:

> **"El Jefe Supremo del Estado de Costa Rica... con presencia del acta del 27 de mayo de 1838 que le confiere omnímoda y exclusivamente la administración del Estado; y deseando establecer garantías que le alejen las apariencias de un régimen absoluto, y sirvan de base para la administración general...".** Ídem, p. 263 [6]

Con todo, el yerro de Carrillo fue de procedimiento, éste no se ajustaba, en manera alguna a los lineamientos de una república. Existen razones para estimar que la falla no fue de intención. El no tenía, en la conciencia, responder a la figura del tirano. No obstante, su decreto vino a romper la continuidad del espíritu constitucional iniciado en el Pacto de Concordia. La Ley de Bases y Garantías implica un absolutismo, un sistema de poder indiviso. Mas en sí, el ejercicio del gobierno y el mensaje dirigido al pueblo de Costa Rica suscrito por Carrillo el 18 de marzo de 1843, depuesto ya y fuera de las fronteras costarricenses, acusan un

[6] Texto del mensaje del Lic. Carrillo, enviado desde Guatemala al pueblo de Costa Rica.

acendrado fervor a la Patria y al bienestar del mayor número de los habitantes, en un ambiente de seguridad y de paz

> **"(...) como costarricense querría que mi patria abriera la marcha de las reformas generales; mas no con la espada, sino con la opinión, que es la que prepara y ejecuta las grandes revoluciones políticas. Concentrar el Estado a sí mismo, fue mi sistema durante el tiempo de disensiones entre los demás...".** - Iglesias, Francisco María, Braulio Carrillo, Segunda edición (1971), p. 82.

Este no es el lenguaje de un timo, máxime si responde a la realidad política que le correspondió administrar. Su extraordinaria obra jurídica de tan altos relieves excepto la Ley de Bases y Garantías - se orientaba a la preparación de una mentalidad colectiva regida por el derecho, "no por la espada". Y en orden a la probidad, a la honestidad en el ejercicio de gobierno, Carrillo es uno de los maestros más conspicuos de la historia pública de Costa Rica. Nadie ha podido probar en contrario a las palabras de aquel Jefe depuesto

> **"no os di lecciones de inmoralidad, no autoricé el crimen ni excité a él con premios y honores establecí la justicia en su trono, y cuidaba de que los encargados de distribuir al pueblo sus preciosos dones, lo hicieran con pureza".** Y luego agrega: **"... ni enriquecí yo o a alguno de mis deudos y amigos con vuestro sudor"**.Ídem. p. 87.

Tómese en cuenta que Carrillo se caracterizó por una estricta disciplina de la veracidad. Ricardo

Fernández Guardia confiesa que él no lo habla estimado así, pero luego, en forma categórica, dice que Carrillo no decía sino la verdad, de modo especial cuando se responsabilizaba de algún acto o salvaba su responsabilidad. La imagen de Carrillo ha retomado sus contornos precisos; sus palabras han permanecido en el eco de los tiempos, con bien crecida resonancia

> **"Los que me sucedan no serán más activos ni más patriotas que ese que llaman ustedes tirano y traidor"** Ídem, p.105 -. [7]

Se refiere a "ustedes", al grupo de Morazán que lo depuso. Pero "ustedes" han sido y son las generaciones de ciudadanos de mucho más de un siglo después de Carrillo; y "los que me sucedan", son el General Morazán, su grupo de militares, los costarricenses que celebraron su caída y los cuerpos gobernantes posteriores de la historia patria. Al tenor del texto que encabeza el decreto malhadado, **"base para la legislación general"**, la Ley de Bases y Garantías sería norma Suprema, en sustitución de la Ley Fundamental del Estado de Costa Rica, de 1825. A juicio del docto historiador y jurista, Hernán G, Peralta,

> **"no sería posible aceptar la Ley de Bases y Garantías como procedente de ninguna escuda de pensamiento o de doctrina constitucional".** -Peralta. Hernán, Las Constituciones de Costa Rica, P. 58. –

Si se estudia la gestión de gobierno del Lic. Carrillo, en otras de sus facetas, se impone destacar a este Jefe de Estado, corno el autor de una obra nacional

7 Última carta de don Braulio Carrillo, remitida al pueblo de Costa Rica, desde Sonsonate, el 15 de junio de 1843

en que lucen sus méritos, a medida que se la conoce con objetividad. Su obra

> **"constructiva, moralizadora, de progreso y organización del país..." la más fecunda y de mayor trascendencia que haya realizado ningún gobernante de Costa Rica"**– Fernández Guardia Ricardo. La guerra de la Liga y la Invasión de Quijano (1934) p. 44

Carrillo fue un hombre de contrastes. Nacido en Cartago, trasladó en forma definitiva la Capital a San José, fue un intelectual de formación liberal que se convirtió en dictador, por virtud de su propio decreto; brindó su apoyo a la Iglesia, propulsó el nombramiento de un obispo para Costa Rica y ordenó, con la energía que lo caracterizaba, sepelio de un extranjero no católico en el cementerio de Cartago, pese al criterio adverso del Vicario. Agréguese a esta medida progresista, la supresión de las procesiones y la reducción de los días festivos, lo que vino a sumarse a la supresión de los diezmos, aprobada antes de la llegada de Carrillo, a iniciativa del Diputado Manuel Aguilar. En uno de los ángulos característicos de su administración se dibuja inconfundible un estilo político liberal y, en otro, una conducta de moderación conservadora. Fue un dictador ilustrado que creyó en la democracia, en esa dimensión política que hace del pueblo el auténtico beneficiario; creyó en una democracia de acciones concretas, no en un sistema saturado de verbalismo. Por ello dijo:

> **"A los pueblos se les habla con hechos, porque éstos le instruyen ellos observan a sus mandatarios y se deciden por el que les haga más bien"**, Iglesias, Francisco María, o. c. p.111-. [8]

---

[8] Carta de Carrillo, dirigida a un sujeto de León enviada desde San Miguel, El Salvador, el 15 de octubre de 1843

Él ejerció un gobierno absoluto y se inspiró, para todos sus actos, en el Espíritu de las Leyes cuyos principios acogía con singular efusión, como se aprecia en sus palabras:

> **"Lo que importa es destruir la dominación y no al que domina, y volver cuanto antes se pueda a aquella marcha ordinaria de gobierno en el cual las leyes protegen a todos y no se arman contra ninguno".** Ídem, p. 75 [9]

Ni el Lic. Cleto González Víquez, pese al concepto desmejorado que tenia de Carrillo, por las circunstancias que rodearon su ascenso al poder en 1838, ha intentado desvirtuar las manifestaciones de don Braulio.

Lo cierto es que de las sombras circunstanciales que envolvieron su figura emanadas del Gobierno de Morazán y especialmente de la Asamblea que lo nombró (a Morazán) Jefe Provisorio, ha venido surgiendo la efigie de Carrillo, como la del patriota costarricense, creador del Código General, arquitecto del sistema de Derecho Civil y Penal, benemérito de la moralidad política, de la honestidad administrativa. Fue un devoto de la paz; ante aquel Campo de Agramarte centroamericano, por mantener esa paz desligó al Estado de Costa Rica, de los restantes Estados de la moribunda Federación. Así quiso rodear a su pueblo de un sólido cordón moral protector, para salvarlo de la fogata centroamericana. Desde entonces, Costa Rica inició su marcha independiente de los demás estados, mirando hacia el norte de su propio futuro nacional. Es en toda esta acepción que se le ha denominado Arquitecto de la Patria.

---

[9] Carta de Carrillo, dirigida al supremo gobierno de Costa Rica, desde Guayaquil, el 16 de setiembre de 1842

El General Francisco Morazán fue, sin duda, el máximo adalid del Unionismo. Durante su faena, fue honrado con los lauros de Presidente de la República Federal. Marchó por los campos centroamericanos, como Bolívar por los de Venezuela, Colombia, Bolivia y el Perú, en defensa de su ideal. Derrotado en Guatemala, se replegó a Costa Rica, para rehacer sus huestes y reconstruir, por la fuerza de las armas, la Unión Centroamericana. Entonces, llegado el momento de su desgracia final, subió al patíbulo, con la proverbial altivez exhibida en sus batallas. Como Bolívar, fue un insigne jefe militar también como él, no había nacido para gobernar. Morazán fue el héroe inmolado en el ara de la república federal.

Costa Rica, que había mantenido una adhesión cautelosa a la República, la liquidó, en forma definitiva, al segar la existencia de Morazán, su paladín eminente. Reitérese que Morazán fue denotado por Rafael Carrera en Guatemala (marzo de 1840); luego asumió la Jefatura del Estado de El Salvador. Ante los aires que soplaban aún más fuertemente en contra de la República, a la sazón disuelta, emigró a la américa del Sur. A su paso por Puntarenas obtuvo, del Gobierno de Carrillo, la aquiescencia para que un grupo de sus amigos se quedara en Costa Rica y otros pudieran luego embarcarse en Matina. Más tarde regresó el General Morazán de Sur América a El Salvador donde rearmó sus milicias y marchó hacia Costa Rica. Desembarcó en Caldera y se internó en el territorio nacional. Por causa de la traición del Jefe militar enviado por Carrillo para combatir a Morazán, aquél avanzó con renovada fortaleza y Carrillo, sin presentar batalla, como bien pudo haberlo hecho, aceptó su dimisión. El golpe, de la traición y el amor a la paz de su pueblo, dispusieron el ánimo del Jefe del Estado para dejar el poder en manos de las tropas invasoras. Carrillo entonces se marchó al destierro. La finalidad confesa de Morazán era la restauración de la República

Federal. Habría de recurrir a las armas como único medio para lograr su fin.

El grupo de militares hondureños y salvadoreños que lo acompañaron en la gestión invasora, para mala fortuna de Morazán y, ocasionalmente, en grave perjuicio de Costa Rica, estaba integrado, en su mayoría, por individuos indeseable. Así los presenta el historiador Fernández Guardia:

> **"Los soldados salvadoreños y hondureños del titulado Ejército Nacional, conque Morazán se proponía reconstruir la deshecha Federación, imitaban la deplorable conducta de sus superiores - Fernández Guardia salva de este calificativo a los generales: Trinidad Cabañas y José Miguel Saravia-, si bien eran menos disolutos que estos (los soldados), sobre todo cuando se les compara tiempo por sus desenfrenos, tuvo con el nombre de cuadrode los vicios y al que, Morazán que trasladar a Cartago".** Fernández Guardia, Ricardo, Morazán en Costa Rica. p.48.

Con el Brigadier Vicente Villaseñor pactó Morazán, en el Jocote, Alajuela, el derrocamiento de Carrillo. En ese período de trashumantes centroamericanos, Villaseñor ocupaba un puesto militar confiado a él por el Jefe del Estado. En tal condición y enviado por Carrillo al encuentro de las tropas invasores para que se enfrentara a ellas, en defensa de la soberanía del Estado, traicionó a su Jefe y a la Patria. Como resultado de aquel acto deleznable de traición, de muy ingrata memoria para los costarricenses, el 12 de abril de 1842 asumió el General Morazán la Jefatura del Estado. Al día siguiente salió Braulio Carrillo de Puntarenas, rumbo a Ecuador. Su partida puso el punto final a la trayectoria política de este eximio patriota.

Ya en el poder provisorio, el general Morazán derogó, explicablemente, la Ley de Bases y Garantías. El carácter de esta ley, en aspectos capitales reñido con el espíritu liberal, justifica su derogatoria. Mas no tiene justificativo la paralización de la obra de apertura de vías de comunicación emprendida por el Gobernante depuesto. Desde Caldera, el General Morazán había lanzado su proclama a los costarricenses, el día 9 de abril de 1842. Fernández Guardia escribió, que

> **"de todas las promesas hechas por Morazán en esa proclama, tan solo cumplió la relativa a la cesación de esas obras, sin duda porque a la vez que así daba gusto a los enemigos del Dictador depuesto, le quedaba más dinero para el mantenimiento de una escuadra y de un ejército permanente de más de 700 hombres, con una plétora de generales, jefes y oficiales, la mayor parte ociosos y viciosos".** -Fernández Guardia, Ricardo, Morazán en Costa Rica (1943), p.31.-

Esta actitud reñía ineludiblemente con la usanza política del Estado costarricense, también rozaba, de modo grosero, con la honestidad, el orden y la rectitud de Braulio Carrillo quien, como lo afirma el historiador citado,

> **"en tiempo normal no tuvo nunca más de 100 hombres sobre las armas y esto le permitía construir puentes y caminos".**

Morazán había organizado su ejército con hombres traídos de otros estados centroamericanos. Toda su obra se orientaba a la reinstalación de la República Federal. Costa Rica sería para él un trampolín y un instrumento. El aceleraba los preparativos para la guerra contra los estados de Centro América, los cuales, incluso antes de que lo hiciera Costa Rica, habían arriado el pabellón unionista. De haberse consumado el plan morazánico, Costa Rica se habría involucrado de lleno en las luchas castrenses de la Región con ello habría desvirtuado su característica personalidad nacional, paraconfundirse en el caos político que hasta entonces y por mucho tiempo, envolvió a los hermanos centroamericanos.

El brevísimo gobierno de Morazán fue un trasplante en escoba[10], al que se le marchitó el tallo hasta sus raíces, no podía retoñar en el suelo de Costa Rica, tan ajeno a ese tipo de toxinas y de abrojos. Durante los cinco meses que duró, ese gobierno hizo gala de un espíritu absolutamente reñido con los más elementales principios del liberalismo que había sustentado el Mártir de la causa federalista. El valor puramente instrumental y mediato que Morazán confirió entonces a su gestión política en Costa Rica, sumió en eclipse a ese campeón del liberalismo unionista, en el ocaso de su epopeya. Factor muy importante de su fracaso fue, además, la casta de militares que trajo consigo desde el Salvador,

> **"(...) la mayor parte eran gentes espernibles, machetones zafios y viciosos, surgidos en las estultos guerras intestinas que destrozaron a Centroamérica después de la Independencia"**.
> -Ídem p.48.-.

El ideal unionista, como tal, no permeó la conciencia del pueblo costarricense, aunque en la Constitución se mantuvo como la aceptación de algo en que realmente no se creía. No obstante esto nada tuvo que

[10] "En escoba": es la forma de trasladar una planta, de su lugar, a otro nuevo, sembrándola sin la tierra que las sustenta.

ver con el pronunciamiento militar que culminó

> **“en una de las tardes más sombrías y desconsoladoras de nuestra historia".** Samayoa Chinchilla, a. c. p. 62.

El infausto fusilamiento del General Morazán fue la consecuencia de la impresión desoladora que causó su Gobierno en el pueblo de Costa Rica. El pueblo, bajo la influencia del grupo morazanista, lo había recibido como "libertador" y, en los comienzos de su administración, ya había sentido el asedio implacable de las expoliaciones y el ultraje por parte de aquellos militares depravados.

Puestos Carrillo y Morazán, uno al lado del otro, en la misma página de la historia costarricense, irradia su luz la imagen del primero, al paso que mengua la del ilustre activista del federalismo. La escena patética del 15 de setiembre de 1842 es una ingrata muestra, no por ello menos aleccionadora, de la irrupción de la fuerza embrutecida, a manera de concreción de un principio que bulle del vertedero liberal:

> **"Perdidas entonces la autoridad y la libertad en las almas, consideradas la justicia y la razón como palabras sin sentido, la sociedad está disuelta, la nación abajo. No subsiste ya más que materia y fuerza bruta; no tardará, so pena de muerte moral, en estallar una revolución".** - Proudhon, El Principio Federativo, versión española (1971), P. 50.-

Entonces vino aquella "tarde sombría", cuando la multitud de San José prácticamente pronunció la sentencia de muerte del General Francisco Morazán. Había explotado la ira del "soberano" herido en el calcañar. Si don José Antonio Pinto no hubiese dictado sentencia; si no se hubiese ordenado la ejecución con aquella desgarradora presteza, el, General Morazán no habría tenido la oportunidad de morir mostrando su indoblegable altivez, al dar él mismo, a sus verdugos, la orden de disparar. No habría podido ratificar, a su muerte, la imagen enhiesta del gran soldado unionista. No lo habría podido, porque aquella multitud enardecida le habría dado un fin grotesco a una vida superior. Se habría presentado, a los ojos de la nación convulsionada, una escena similar al espectáculo sangriento de que fue víctima, en Quezaltenango, don Cirilo Flores, Jefe del Estado de Guatemala.

La luz que, en el caso de Morazán, ha vertido la historia; los rayos difusos que han alumbrado el curso de aquellos días infaustos, dan hoy un perfil distinto al que trazó el Dr. Lorenzo Montúfar. Él, Montúfar, había escrito que

> **"El año 1842 un bochinche colocó en San José de Costa Rica, al frente de las armas, al portugués Antonio Pinto...Vea el pueblo el motivo que condujo al que tantas veces venció a los serviles"**. -Montúfar, Lorenzo, su Francisco Morazán (Edit.CR--1970). p.145.-

Repárese en el hecho de que para este buen conocedor de la historia centroamericana, cultor de la reverencia liberal hacia el pueblo, un "bochinche" intrascendente motivó la muerte de Morazán. Podría haberse lamentado del trágico suceso, sin necesidad de minimizar y deformar sus causas reales. Lo que el Dr. Montúfar llamó "bochinche", fue un levantamiento popular motivado por el grave descontento general que su gobierno había generado. El pueblo de San José había marchado hasta la residencia del General Pinto, el "Portugués" (como lo aludía el Dr. Montúfar), para pedirle que asumiera el mando de la rebelión. El General Pinto accedió, porque su idea coincidía con el sentimiento del pueblo: que

> **"un despotismo forastero había sustituido a un despotismo nacional".** - Revista de Costa Rica (1921), p.36.-

En esta misma publicación se lee:

> **"No juzgamos ni como unionistas ni como separatistas: nos trasladamos al lugar de los sucesos, nos hacemos cargo de las circunstancias y contemplamos al caudillo (Pinto) al pie de su bandera recogiendo en su puño de hierro los clamores de su pueblo".** - Ídem, p.37.-

El 15 de setiembre de 1842 fue fusilado Morazán, veintiún años exactos después del memorable 15 de setiembre de 1821. Con la muerte de Morazán y los acontecimientos centroamericanos de esa misma década fenecen las posibilidades de la causa, en si augusta, de la Patria Grande.

Braulio Carrillo no fue un unionista. Mas por ello no merece los infundados juicios que pregonaba de él la prensa liberal salvadoreña y guatemalteca. Nada es más recusable. Carrillo no puede incluirse entre los agentes de la barbarie como Barrundia lo señalaba cuando escribía

> **"La viruela, el cólera, a guerra civil, las revoluciones encarnizadas -la tiranía- la barbarie -Malespin y Carrillo- todos estos estragos han desaparecido. También Carrera desaparecerá..."** Rodríguez, Mario o. c. p. 444. [11]

[11] Transcripción del texto publicado en El Progreso, de San Salvador, no. 5, del 9 de mayo de 1850.

No, no y no. La tiranía de Carrillo fue absolutamente ajena a las calamidades que entre liberales que Barrundia lamentaba, al recoger la especie convertida en lugar común, entre liberales y aun no liberales. En Costa Rica la cultivaron también. La Asamblea Constituyente del Estado de Costa Rica proclamó Jefe Provisorio al General Morazán y emitió un manifiesto, el 13 de julio de 1842. En esa declaración, siguiendo la línea marcada por Morazán, se leen los elogios exorbitados al invasor triunfante y los denuestos al Jefe del Estado depuesto:

> **"(...) Sacrificando su quietud y su fortuna** -Morazán- **concibió el generoso proyecto de libertarnos: voló al sur a proporcionarse recursos, volvió a las costas de El Salvador, reunió sus antiguo compañeros de armas, y cuando el Tirano Carrillo se creía más seguro que nunca en su trono ensangrentado y se saboreaba de su presa, se presenta en nuestro territorio la División Libertadora".**

Y casi seguidamente se lee

> **"Loor al eterno caudillo ilustre que entre mil penalidades y sacrificios promovió, de mano armada, nuestra redención política. Loor a sus valientes compañeros que dejando a su país natal, sus hogares, sus casas, esposas e hijos idolatrados, vinieron desde 350 leguas a correr los azares de la guerra para darnos patria y libertad".**

Como cierre de este desaguisado histórico bajo la responsabilidad de la Asamblea, cabe citar, del mismo manifiesto

> **"Loor al general juicioso y honrada división de costarricenses que en el sitio del Jocote se unieron a nuestros libertadores."** - González

Víquez, Cleto, o.c.p. 322 p322-

Quienquiera que lea, en la actualidad, alabanza tan descomedida a Villaseñor, al gran maestro de la traición, emitida por una Asamblea Constituyente del país, no puede menos que lamentar el mensaje. Villaseñor, General de Brigada, elevado a ese rango por Carrillo, como expresión de su confianza, en el Pacto del Jocote traicionó, cobardemente, a su Jefe y a Costa Rica. El documento malhadado, aunque se basa en el decreto del 15 de noviembre de 1838 en virtud del cual **"Costa Rica reasume la plenitud de su soberanía"**, Obregón Loría, Rafael, o.c. p. 185.-, abunda en falsedades sobre la personalidad de don Braulio y su administración:

> **"Electos sin plena libertad y por sugestiones suyas los diputados de la Constituyente, les prescribió, por un acto del más desenfrenado despotismo, la fórmula bajo que debían jurar, expresando en ellas las obligaciones terminantes de separar al Estado de los demás de la Unión, hacerlo absolutamente independiente, desconociendo bruscamente las autoridades nacionales y rompiendo atrevido el solemne pacto de asociación",**

Se incurría entonces en una falsedad histórica, pues la República Federal y, consecuentemente, sus autoridades, habían desaparecido el 30 de mayo de 1838. En el Manifiesto aludido se lee:

> **"(...) emitió órdenes y decretos que solo ellos dan la medida de su ignorancia, hasta en los rudimentos del derecho público, y de su carácter orgulloso, dominante y despótico. La vida,**

las propiedades, derechos, el honor y hasta lo más sagrado del hogar doméstico fueron el objeto de sus disposiciones: atropelló en ellas al rico y al pobre, al hombre y hasta la débil mujer". - González Víquez, o. c. pp. 320-321.-

Carrillo no era un ignorante, él mismo redactó los textos del derecho civil y penal que han sido fundamento del ordenamiento jurídico de Costa Rica. No ultrajó al rico ni al pobre, ni sufrió "el hogar doméstico" la injusticia de sus disposiciones. Y en lo que atañe a la separación del Estado de Costa Rica, de la Federación Centroamericana, la inexactitud de las aseveraciones resulta evidente. Esa misma Asamblea Constituyente, en los considerandos del decreto No. LXXXVI, declara que Carrillo se hizo proclamar **"Jefe de Estado, desobedeciendo abiertamente la Constitución y las leyes"**, lo cual fue "un delito de traición". Y en el "Por tanto", art.1:

"Se declara nulo, atentatorio y criminal todo lo practicado por Carrillo, en el ejercicio del Poder Ejecutivo, del Legislativo y de Constituyente". Peralta, Hernán G., Las Constituciones de Costa Rica, p. 282

Si ya la Constitución Federal no regía, no pudo darse, de manera alguna, desobediencias a sus mandatos. Al tenor del decreto emitido por el Congreso Federal, el 30 de mayo de 1838, los Estados hablan quedado

"libres para constituirse del modo que tengan -tuviesen- por conveniente". -Obregón Loría, Rafael, o. c. p.184.

La justicia histórica se hizo, como es usado, con buen retraso. Entre tanto, en Costa Rica incluso,

> **"Una de nuestras tradiciones representa a don Braulio Carrillo como un tirano cruel y sanguinario, implacable con sus adversarios -políticos el mismo F. Guardia confiesa que él se sufrió a esta tradición en su Cartilla Histórica de Costa Rica- El estudio documental de su conducta en 1835 desautoriza esta tradición. Cierto es que castigó, pero lo hito sin crueldad ni saña y en ciertos con indulgencia."** -Fernández Guardia, Ricardo. La Guerra de la Liga y la Invasión de Quijano (1934).p.43.-

En esa misma línea reivindicativa de la personalidad, de la conducta y de la gestión de gobierno de Carrillo, encajan las manifestaciones del Diplomático norteamericano, John Lloyd Stephens. El escribió, en 1839, sobre su visita a Costa Rica y la entrevista con el Jefe del Estado:

> **"Me interrogó especialmente sobre Guatemala, y no obstante que él simpatizaba con la política de este estado -separatismo- no tenía buena opinión de Carrera. Se mostró inflexible en su hostilidad contra el General Morazán y el Gobierno Federal y me pareció ser en realidad contrario a todo gobierno general y tener profundamente arraigada la idea de que Costa Rica era capaz de subsistir por si sola".** Stephens, John Lloyd, (texto en) Costa Rica en el Siglo XIX (1929), p.60.-

La versión de Stephens sobre el concepto que tenía Carrillo acerca del "gobierno general", de la

Federación y de Morazán, resulta precisa y objetiva. Carrillo pudo columbrar las proyecciones de aquel bosquejo de anarquía centroamericana, en un ejercicio mental de verdadera premonición política; se replegó a los ámbitos de la antigua provincia y actuó con cautela, diligencia y oportunidad. Pudo hacerlo, porque, contrariamente a los calificativos que se le endilgaban en el mencionado manifiesto y en los corrillos liberales centroamericanos, don Braulio era un hombre inteligente, recto, justo y devoto apasionado del orden, de la disciplina, del trabajo. Stephens describía al Jefe del Estado costarricense con sus características personales de firmeza y solidez, características que el pueblo aceptaba con obsecuencia.

> **"...pero la gran masa está contenta y el Estado prospera. Por lo que hace amí le admiro. En aquel país la disyuntiva es un gobierno fuerte o ninguno. Por todo el Estado de Costa Rica tuve la sensación de seguridad personal de que no disfruté en ninguno de los otros."** Ídem p. 61

Morazán mismo habría dicho que otra cosa sería si Centro América contara con cinco hombres como ese.

Carrillo fue un hombre fuera de serie en la secuencia de los costarricenses prominentes. Su línea política lo apartaba de la mayoría y le daba un perfil diferente al que presentaba y presenta el gobernante común del país. Sobre todo, su gobierno mostraba una fisonomía disímil a la de quienes lo precedieron: don Juan Mora Fernández, don José Rafael de Gallegos, don Manuel Aguilar. La distinción estriba en su estilo político de sincera severidad y se aprecia en los rasgos de una personalidad sin doblez, en **"cuyo rostro se pintaba una resolución inquebrantable"**, como expresaba el ya citado diplomático norteamericano. Pero la distancia dicha crece hoy día, con respecto a los caudillos castrenses que se movían en la escena centroamericana. Carrillo no resolvía los problemas " a la tica", es cierto, pero sus resoluciones llevaban impreso el sentido del bien general, e inconfundible el justificativo de la razón. El mostró una templanza de connotación relevante, al decidir su propia capitulación, ante el General Morazán y marcharse al destierro, con el objeto de que la sangre no llegase al río. Porque no debe olvidarse que esto acontecía en la hora de un

> **"continente bañado en sangre, en que la vida humana concreta e individual no vale** -valía- **casi nada".**

Por esa determinación emanada de su voluntad férrea, en simbiosis con los principios de justicia y del bien de la mayoría, Carrillo, hijo de su tiempo y de la cepa genuina de la Patria,

> **"no encaja en las coordenadas generales de Latinoamérica".** -Láscaris Comneno, Constantino, El Costarricense (1975), p.113.-

Don Braulio fue realmente un hijo de su tiempo, como un Robespiere o un Lafayette, inspirado como ellos en los principios de acción política vigorosa y ordenadora, pero inscrito en la restricta latitud costarricense que le infundió ese raro amor al sentido de la paz.

Morazán y Carrillo asumieron, respecto de la Unión, actitudes adversas. Ambos fueron sinceros y leales a sus causas. La historia vino luego a iluminar las aristas de Carrillo, el político realista y de Morazán, el cruzado del idealismo unionista. Este llegó hasta la fe profunda, en un sentimiento ferviente de patriota centroamericano. Le confirió al sentimiento unionista relieves de pasión y, con ello, proyectó en sus coetáneos una imagen alucinada. Morazán creyó en una nacionalidad centroamericana que en la realidad no existió en la conciencia de los pueblos; y con excepción de los ideólogos federalistas, el unionismo era bien ajeno al sentimiento de los líderes políticos de los Estados. El señor Stephens ofrece un diagnóstico llano, simple, de la cuestión, en las postrimerías del sueño federalista

> **"No existe ningún entendimiento nacional (centroamericano): cada uno de los estados quiere ser un imperio: los funcionarios de los Estados no pueden aguantar superiores; un jefe de estado no soporta a un Presidente. Carrillo no había enviado diputados a la Convención y no pensaba hacerlo; pero me dijo que Costa Rica permanecería neutral hasta que los demás estados arreglen sus dificultades".**-Stephens., John LL. en Costa Rica en el Siglo IXX (1929), p.60

Carrillo, enterado de los cargos infundados que se le hacían, por parte de los morazanistas, vio la necesidad de justificar, ante el pueblo costarricense, el sentido de su gobierno respecto de la cuestión unionista, cuando Morazán, epónimo de la Unión, lo había depuesto en Costa Rica. Su actitud separatista, estimulada por las circunstancias del momento centroamericano, se había vuelto delito, según el General Morazán sus seguidores en Costa Rica y sus congéneres centroamericanos. El 16 de setiembre de 1842, sin conocer los últimos acontecimientos del país, escribió Carrillo, desde Guayaquil, al Ministro general de Morazán:

> **"Disuelta la Federación por el voto, bien**

pronunciado, de los Estados que la compusieron, desapareció de hecho y de derecho el signo nacional figurado en su escudo de armas; y reasumiendo Costa Rica la plenitud de su soberanía, por decreto del Congreso Constitucional de fecha 8 de noviembre de 1838, claro es que debía establecerle un nuevo escudo de arenas particular del Estado, así como pedían los demás hacerlo para expresar los derechos que le son propios a su independencia y soberanía absolutas. Vea U. pues, en este sencillo raciocinio establecido la verdad de que yo no sustraje de la República al Estado. Sólo esto no es la consecuencia: habían cesado la Constitución y las leyes federales, volviendo la particular de Costa Rica a su primitivo vigor, como si nunca hubiera dependido el Estado de otro; a no ser que, contra toda lógica, se quiera sostener que debieran sobrevivir los actos de un poder muerto". -Iglesias, Francisco María. Braulio Carrillo, 2a edición (1971).p.67.-

Muy contrariamente, lo que la historia tiene hoy comprobado, el General Morazán expresaba, en su Proclama de Caldera, el 9 de abril de 1842:

"(...) un tiranuelo como Carrillo, ignorante y sanguinario, que ha esclavizado un pueblo moral, sensible y laborioso, después de haber despedazado sus instituciones republicanas". -Fernández Guardia, Morazán en Costa Rica, p.29.-

El General Morazán dispuso el nombramiento de una Asamblea Constituyente que lo designó Jefe Provisorio y suscribió un Manifiesto dirigido a todos los pueblos centroamericanos. Ese mensaje, en parte reiterativo del texto de la Proclama de Caldera, comprueba "el propósito de reconstruir la Federación", apoyándose en Costa Rica, como advierte el Lic. Peralta, al escribir que Morazán

> **"quiso hacer de Costa Rica el trampolín para saltar hacia los demás países centroamericanos con el propósito de reconstruir la Federación. Y su error consistió en haber desconocido los antecedentes de la política costarricense, en las dos ocasiones en que se había presentado la posibilidad de la anexión a los países vecinos que en una forma u otra podían aspirar a esa fusión (1821-1824) (...) Y dieciocho años después, en 1842, pretendió Morazán ya decididamente por medio de la fuerza, uncir a Costa Rica a la cuadriga federal, y el país se le opuso consternado".** - Peralta, Hernán G. Las Constituciones de Costa Rica, p.64.-

Como se ha visto, que se le haya atribuido a Carrillo el grado tan decisivo de responsabilidad sobre la liquidación del sistema federal, se originó en los mismos documentos expedidos por el Gobierno de Morazán, durante sus cinco meses de vigencia. La especie fue recogida por los frustrados acólitos de la causa unionista, historiógrafos centroamericanos como Montúfar y Marcare y extranjeros como Mario Rodríguez. Carrillo cometió errores de bulto, pero en ese particular se limitó a seguir la línea de un realismo inteligente. A él se le configuró más clara la visión que tuvieron a priori, en Cartago, los Legados de 1821, quienes mantuvieron una expectativa sigilosa. Notificado por la observación aguda de los acontecimientos, también Carrillo declaró, a su manera, una espera neutral, eso sí, con una formalidad diplomática y una organización práctica, por si los nublados no desaparecían. Cuando escribía desde Guayaquil, no conocía, aunque quizá sí por intuición, que había caído, en suelo costarricense, la mano hercúlea que pudo mantener en alto el pendón federalista.

Carrillo y los Legados, inscritos en la misma generación, arreglaban, sin tregua ni prisa, el equipaje institucional del país, para una gira histórica de futuro prolongado. Lo hacían, sin dejar del todo cerrado el acceso a una mancomunidad de estados, para ellos apenas verosímil. Su actitud de cautela permitió, a los costarricenses, observar mejor los movimientos del espectáculo político centroamericano y poder ordenar su comportamiento nacional, aprovechando, por descarte, la experiencia vivida por los estados vecinos. Así, desde la barrera contigua, pudieron los ticos presenciar los sucesos, sin correr los riesgos de la participación. Ahora bien: si los delegados costarricenses intervinieron en el Parlamento Federal, su conducta dentro del mismo fue estrictamente apegada al espíritu de su representado. Hasta en lo militar los costarricenses supieron conducirse con distinción relevante, cuando hubieron de intervenir por cuenta de la Federación.

La participación de tropas costarricenses (1826-1827) en acciones defensivas, al llamado y al servicio del Presidente de la República Federal Sr. Manuel José Arce, brillaron por su honradez, valentía y disciplina descollantes, como lo expresó, al Jefe de Estado de Costa Rica, don Juan Mora Fernández, el Ministro Federal de la Guerra, don Manuel de Arzú, en su comunicado del 20 de agosto de 1827. Decía que el Presidente de la República Federal "conceptuaba" la licencia de la tropa costarricense,

"por su valor, por su honradez y buena

disciplina que la hizo distinguirse entre todas las milicias;

y refiriéndose al Jefe de la tropa, don Rafael García Escalante, añadía que

> **"por su buen comportamiento y valor a toda prueba, llevaba (traía de regreso a Costa Rica) los grados de Teniente Coronel dentro del Ejército de la Federación".** Fernández Guardia, Ricardo, Cosas y Gentes de Antaño, 2q edición (1939), p. 62.-

He aquí el decoro de los costarricenses en su única participación militar al servicio de las autoridades de la Federación.

Volviendo al tiempo de Carrillo y al comportamiento de la gente en general, véase como, en esta circunscripción geográfica y demográfica tan reducida y, además, alejada de la convulsión, advirtió el visitante norteamericano un fenómeno revelador, desarrollado en un cauce de progreso, en buena parte obra de don Braulio

> **"El (Estado) de Costa Rica goza de una prosperidad no igualada por ningún otro (estado) de la disuelta Federación.".-** Ídem, p.59.-

Y haciendo referencia a la Capital, agregaba

> **"Creo que San José es la única ciudad de Centroamérica que ha crecido o siquiera progresado desde la independencia".** _Idan.p.59.-

Stephens reiteraba su apreciación del ambiente costarricense:

"Tenía la alternativa de regresar a Sonsonate en el Cosmopolita, o de irme a Guatemala por tierra, un viaje de mil doscientas millas por un país desprovisto de recursos para los viajeros y peligroso a causa de los trastornos de la guerra civil". - Ídem. p. 68.-

Costa Rica difería totalmente de los demás estados de Centro América, por su ambiente de paz y de progreso; a Carrillo y a sus predecesores les debla la nación el mérito de haber ajustado sus gestiones a la tesitura social humana del pueblo. Adviértase la coincidencia entre las manifestaciones del norteamericano precitado y las de don Braulio Carrillo cuando escribía

"Mi conducta pública y privada ostentaba constantemente una profesión de fe política, fundada en la segundaparte de aquella hermosa máxima de Montesquieu, libro 9, "El Espíritu de Las Leyes", Dice el Filósofo: "El espíritu de la Monarquía es la guerra y el engrandecimiento, y el espíritu de la república es la paz y la moderación" Iglesias, Francisco María, o c p 70.-

La coincidencia se da en el concepto del orden, del progreso y de la paz. La virtud más relevante de Carrillo era su veracidad. Al invocar a Montesquieu como asidero doctrinario de su "fe política" hacía Carrillo una confesión, no un ejercicio retórico. De ahí que se le imagina en su sencillísimo y estrecho recinto de mando, mirando con preocupante recelo a los centroamericanos, incluso a los liberales prominentes, quienes mostraban proclividad al absolutismo que ellos mismos combatían, absolutismo irónicamente de moda en la Francia postrevolucionaria; era, en fin, la misma tendencia reflejada en los dominios de la América del Sur, una vez rotos sus vínculos con la Corona Española. Esa proclividad a la que temía Carrillo y en la que él mismo, a su modo, estuvo inmerso, como en una Monumental paradoja, fue comprobada en hechos durante el curso ulterior de la historia centroamericana. No obstante, siendo la paz una meta republicana, hacia ella marchó don Braulio. Él pudo cultivar, en sentido lato, una democracia de hecho, tipo liberal., incluso en su segunda administración, pese a las formas dudosas relativas al origen del poder que asumió.

En la carrera política de Braulio Carrillo, la Ley de Bases y Garantías fue su tropiezo. El impacto que produjo impidió hallar el sentido consecuente entre la teoría y la práctica de su gobierno. Por todo lo demás, Carrillo fue un "liberal espontáneo". Conoció la doctrina liberal desde un puesto realísimo de aprendizaje. Supo interpretar y administrar la circunstancia histórica con lealtad a sus principios, con una sinceridad singular, palpando con tiento 1a humanidad y la vocación de libertad de los costarricenses.

LAS POSTRIMERÍAS DE LA CAUSA FEDERALISTA

A la muerte de Morazán la causa del unionismo entró en un coma definitivo. Ya sus seguidores habían empezado a escuchar el redoble de campanas del templo liberal centroamericano. El Unionismo y el Liberalismo, identificados en la conducta republicana, marchaban a paso doliente, tras el féretro de la Federación.

Se abrió la segunda mitad del siglo de la Independencia con signos grises de zozobra. Empezaban a soplar los vientos de fronda. Era el año de 1851. El maestro y periodista francés, liberal por todos sus costados, Adolphe Marie, escribió:

> **"Puede ser que en otra época nosotros mismos hubiésemos sostenido el principio de la unidad nacional -centroamericana-, y para que se juzgue de la franqueza con que anunciamos nuestras opiniones, diremos que ese principio era, en nuestro concepto, el único que hubiera podido dar consistencia y respetabilidad a la América Central, en tiempo que sus varias provincias, obedeciendo al mismo impulso, sacudieron el yugo nacional"**. - *Bernard Villar, Jeannette. Pinceladas Periodísticas de la Costa Rica del Siglo XIX. (1976), p.* [12]

Esta fue la pluma que combatió con denuedo a

[12] Artículo publicado en La Gaceta, año 5, No. 12, 18 de enero de 1851

los intelectuales unionistas que continuaron bregando, a las alturas del medio siglo. Marie era un fogoso polemista, bien entrado en el conocimiento de la cuestión, para formar fila en la contienda por los fueros nacionales, al lado entonces del Presidente Juan Rafael Mora. A él se refiere Monseñor Sanabria, al indicar que era

> **"redactor de la Gaceta, hombre instruido, de pluma acerada y mordaz (...) E1 señor Marie era un liberal tirando a enciclopedista y que de haber vivido en tiempo de la Revolución Francesa habría sido jacobino (...) Marie, con sus artículos, desfogaba su liberalismo".** *Sanabria Martínez, Víctor. Anselmo Llorente y Lafuente. 1a Edic.1933; 2a Edic.1972)... p. p 111-112.-*

El jacobinismo en que habría ubicado Monseñor Sanabria a Marie, se reflejarla en su línea liberal republicana; liberal, de radicalismo más bien tendente a socialista, según el sentido evolutivo de los jacobinos, por antonomasia revolucionario. Pues Adolphe Marie, colaborador insigne del Presidente Mora, admitía, sin embargo, que su posición arraigaba en una cuestión circunstancial de tiempo y oportunidad, no de principios. Solo que no tomó en cuenta que esa oportunidad, esa circunstancia, fue siempre adversa a la causa de la unión y no solo a la mitad del siglo. Claro que la empresa federalista pudo haber tenido éxito durante los años inmediatos siguientes a la independencia, aunque para ello habría sido necesario utilizar la fuerza, pues el camino estaba bloqueado por obstáculos humanos de tamaño apreciable. El Dr. Montúfar, liberal profeso y defensor apasionado del General Morazán, discurría de este modo:

> **"Los gobiernos federativos son muy complicados. No sólo los compone una sociedad: los**

forma una sociedad de sociedades" -Montúfar, Lorenzo, Francisco Morazán, 2a Edición, (1970), R56.-

Entre Montúfar y Marie se da una coincidencia de opiniones acerca de la escasa viabilidad de la Federación; esta coincidencia se explica si se repara en el hecho de que, en la antigua Capitanía General de Guatemala, roto el vínculo con el Imperio Español, no se vio surgir nunca esa " sociedad de sociedades", cuya estructura previa era condición para establecer un sistema federativo, como lo advertía Montúfar, lo había establecido Proudhon y lo halló De Tocqueville en la estructura del sistema norteamericano Montúfar, pese a su defensa de la Unión Centroamericana según la fórmula del federalismo, declaraba -ya desaparecida la República Federal- que

"bajo aquel régimen -República Federal- no existió tal federación, ni se supo legalmente lo que era". Ídem. p. 9.-

En todo caso, el recurso a las armas para formar la Unión en los años de 1821, igual que durante la empresa morazánica, habría estado reñido con el principio entrañable de la garantía de la libertad. Habría ocurrido del mismo modo que se frustró la teoría de Engels y de Marx, pues el recurso a la violencia por parte de Lenin, acalló en Rusia el anhelo de los campesinos de alcanzar la propiedad de la tierra. Por otra parte, la muestra del poder militar morazánico especialmente en el ámbito costarricense durante el gobierno de los cinco meses, era la negación rotunda de las cualidades ideales que Ortega y Gasset atribuye a los grandes ejércitos de la historia, Escribía Ortega:

"La fuerza de las armas no es fuerza bruta, sino fuerza espiritual (...) Solo quien tenga de la naturaleza humana una idea arbitraria tachará de paradoja la afirmación de que las legiones romanas, como ellas todo gran ejército, han impedido más batallas que las que han dado. (...) Lo importante es que el pueblo advierta que el grado de perfección de su ejército mide con pasmosa exactitud, los quilates de la moralidad y vitalidad nacionales".
-Ortega y Gasset, José. España Invertebrada. 8a Edic. (1952), p.p. 30-3 1.

Morazán tuvo quizá el espejismo de ese ejército y a su mando quiso recorrer, desde Costa Rica, el suelo centroamericano. Al cabo de esa marcha de reconquista devolvería su existencia a la República Federal. Mas con la categoría humana de los soldados que lo acompañaron, abrió en Costa. Rica la Caja de Pandora. Es obligado reconocer, parodiando la frase de Ortega, que la "moralidad y vitalidad nacionales" de la Federación daban justamente la medida en quilates, del postrer ejército morazánico.

LO QUE SUCEDIÓ DESPUÉS

La existencia del Reino de la Mosquitia en el litoral del Atlántico, trajo a los centroamericanos un desasosiego permanente. Nicaragua era el país más inquieto, porque aquel vecino forastero la ceñía demasiado por el Oriente. Entonces pesaba sobre Centroamérica la influencia del Imperio Británico, desde Belice, hasta San Juan del Norte. En este extremo meridional se venía produciendo un forcejeo desigual entre fuerzas británicas y nicaragüenses. Estas últimas se hablan enfrentado a las autoridades del puerto mosquito de San Juan del Norte. La situación fue resuelta mediante la acción combinada de fuerzas británicas y misquitas, obviamente en favor de la parte fuerte. Así el 7 de marzo de 1847, Francisco Castellón, representante del Gobierno de Nicaragua, firmó la tregua, la cual constituía, en realidad, un pacto con el enemigo triunfante. Dicho pacto al que ineludiblemente se llegó, era un ultraje al país centroamericano y, corno tal, enardeció, consecuentemente, a los pueblos del "centro". Entonces se reavivó en todos ellos el interés por la Unión. La preocupación por la defensa jugó siempre un importante papel en el proceso del unionismo centroamericano. En febrero de 1848, los Estados del "Centro" ratificaron el Pacto de Nacaome, en orden al restablecimiento de un gobierno centroamericano. Y los temores a la Gran Bretaña estimularon a los centroamericanos a buscar el apoyo en otra nación poderosa (Rodríguez, Mario, o.c., p.404). Esa poderosa nación ya estaba a las puertas de Centroamérica. Traspasaría el umbral muy presto para "liberar" a los centroamericanos del acecho británico. Por supuesto que esto no lo apunta Rodríguez, aunque, a pesar suyo, se colige de su discurso mismo.

En la línea de El Tránsito, casi acto seguido, habría de corresponder a los costarricenses, al lado de combatientes centroamericanos, el turno de enfrentarse a las huestes filibusteras. En relación con estos acontecimientos de la vida centroamericana, es aún necesario arrojar más luz sobre ángulos oscuros, en aras de una mayor objetividad histórica.

El proceso político de Costa Rica era objeto de intensa preocupación para los "liberales" del "centro" [13]

> **"Las fuerzan unionistas en todo Centroamérica aclamaban la noticia del triunfo liberal en Costa Rica. Y confiando que la descarriada hermana sureña volvería ahora al redil, se envió a San José al hondureño Felipe Jáuregui para que la alentara Al pacto del 8 de noviembre de 1849 -el Pacto de Chinandega- Sin embargo, los conservadores pronto recuperaron el control del gobierno** (...). *Ídem. p.430.-*

Precisamente aquí, en honor a la verdad histórica, debe rectificarse, tanto el juicio de los unionistas, como el de Mario Rodríguez, sobre el presunto " triunfo liberal en Costa Rica". Según la versión transcrita, había salido derrotado un conservador, el Dr. José María Castro Madriz. Nada tan inexacto. Castro anduvo a buena distancia de los conservadores. Él era un liberal, solo que chapado a la tica, una de las semillas del liberalismo europeo hincadas en suelo costarricense. En este sentido, el Dr. Castro poseía una mentalidad bi-

13 Los estados del Centro eran El Salvador, Honduras y Nicaragua; los estados periféricos eran Guatemala y Costa Rica.

facética: su obra se desarrolló sobre la base del liberalismo espontáneo. Su pensamiento doctrinario afloró en la fase convulsa de la "reacción liberal". Por eso mantuvo, hasta muy avanzada su participación política, el mismo perfil conductual de todos los liberales costarricenses. Si contra él se armó la confabulación, no fue por su actitud conservadora, que no la asumió; mucho menos por el liberalismo de sus adversarios. A la inexactitud del juicio aquí recusado contribuyó la identificación que se habla hecho, del unionismo con el liberalismo. Por esta confusión se desvirtuó la personalidad intelectual y política de Castro y se elaboró así otra especie que pasó, en bruto, a los estudiosos centroamericanos del fenómeno histórico, como habla ocurrido con el Lic. Braulio Carrillo. Solo así se explica la grosera inconsecuencia del historiógrafo Rodríguez, cuando establece la relación causa-efecto entre el conservadurismo del Dr. Castro y el decreto del 31 de agosto de 1848, por el que se declaraba a Costa Rica, República soberana e independiente de los demás estados. En esa alquimia conceptual, conservadurismo y separatismo se funden, para ofrecer una explicación, presuntamente concluyente, del comportamiento costarricense respecto del plan unionista. Esa distorsión de la verdad tomó cuerpo de lugar común, cuando se trató de comprender, desde afuera, la secuencia interna del acontecer nacional costarricense. No se comprendió que Costa Rica se orientaba, en un sentido providente, hacia salidas más seguras, como si adivinara los hechos que consternarían, a un plazo breve, a toda la América Central.

En aquellos momentos el

"americanismo" y el unionismo crecían juntos, a medida que los diarios liberales predicaban continuamente el evangelio de la nacionalidad y de la integridad territorial".
Ídem. p.433.-

Muy pronto ese unionismo se hallaría subalternado por el "americanismo", al tiempo que el "partido americano" iría dominando el ajedrez político. Adolphe Marie juzgaba la "integridad territorial" con un sentido realista:

> **"Integridad (territorial) centroamericana (...) nada es menos nacional que proclamar a un tiempo la nacionalidad y la unión a los Estados Unidos de América (...) ¿A quién se le había ocurrido jamás hacer consistir la nacionalidad de un país en ser parte de otra nación?"**-Bernard Jeannette, o. c., p.131.

Más adelante insiste, con su característica vehemencia y no menor causticidad, en una peroración que vale la pena transcribir, por su aire diagnóstico y proyectivo:

> **"Les aconsejamos (a los periodistas de la Integridad) que estudien un poco el valor de las palabras independencia, nacionalidad e integridad y ya que han empleado la palabra intervención, si quieren saber perfectamente lo que por ella lo que se entiende, pregunten a aquellos que, a la sombra de un carácter más o menos oficial, promueven en país amigo sociedades ocultas[14], se rodearon de facciosos, de descontentos y de traidores, alientan falsas esperanzas, protegen criminales proyectos, favorecen expediciones secretas, y tienen todo preparado para que luego intervenga un ejército que saquee, incendie, mate y concluye por la fuerza la obra tan felizmente empezada por la diplomacia".** Ídem. p. p. 447-448. [15]

---

[14] "Sociedades ocultas", ¿las de la masonería?

[15] Texto tomado por Bernard, de la Gaceta, año 4, del 5 de enero de 1850

En 1854, a un plazo de siete meses del arribo de William Walker y sus hombres al puerto del Realejo[16], escribía Marie, elevando el tono de su combate contra el unionismo:

> **"¿Quién se conformará con una perspectiva que le enseñe en un cercano porvenir al enemigo de su raza y de su religión profanando con usurpadora planta su hogar destrozado, sus templos destruidos, sus sepulcros abiertos?"** Ídem p.140

Tómese buena cuenta de que ni Marure, ni Montúfar, ni Rodríguez podrían atribuir estas sentencias proféticas a franciscanos, recoletos, prelados o serviles. Marie era un liberal de tomo y lomo. Él ponía, en sus artículos, el énfasis augural de la proclama que dirigió a los costarricenses el Presidente Mora Porras, en 1856, probablemente fruto de la misma pluma que nutrió a la Gaceta.

En el recorrido histórico sobre la trayectoria de los hombres y de las ideas, la curiosidad se encuentra con la escena del año 1855: Francisco Castellón, el mismo que pactó, en nombre de Nicaragua, la tregua con los británicos victoriosos en San Juan del Norte, y el Dr. Máximo Jerez, recurren apresurados al "enemigo de la raza", como decía Marie, en solicitud de auxilio, en contra del partido de "los Legitimistas". Ambos, Castellón y Jerez, adalides del liberalismo y del unionismo, actuaron para concertar la negociación fatídica con el Jefe de los filibusteros. Esta es una de las ironías de la historia de Centro América: el "Partido Liberal", "democrático", inscrito en el apostolado independentista, de pronto convertido en huésped solicito del ejército de la dominación. Así, atildados liberales, cumpliendo una misión para ellos heroica, abrieron las

[16] 16 de junio de 1855

puertas del suelo nicaragüense y del Istmo centroamericano, al paso marcial de los bucaneros. Con ello y, por el momento, estimularon el júbilo de los pueblos, como el de Chinandega que repicó solemnemente las campanas del templo, en señal de bienvenida. - Walker, William. *La Guerra de Nicaragua*, 2a Edic. (1970), p.40.

Los vientos de un tiempo veloz esfumaron los nublados y, ya clarísimo el cielo, contemplaron los liberales el fruto amargo de su obra Vino entonces

> **"la guerra que el Salvador, Honduras, Nicaragua, Costa Rica y Guatemala libraron contra la Invasión pirata de los norteamericanos, la gesta más gloriosa del Siglo XIX"**-Bauer Paiz, o. c. p.75. –

En esa hora crucial para las libertades centroamericanas,

> **"Costa Rica abanderó la guerra patriótica".** Ídem p.77, -

Alfonso Bauer hace un balance de actitudes e ideologías, ciento dieciséis años después de la guerra contra Walker, para advertir que

> **"los centroamericanos no debemos olvidar ni a los infelices traidores que negociaron la soberanía de nuestros pueblos para saciar infames ambiciones políticas, ni a los héroes y patriotas que lucharon unidos por salvar a Centroamérica de la peor de las esclavitudes. Merecen abominación: Francisco Castellón-No alude al Dr. Jerez que, según Walker, participó en las conversaciones tendentes a**

lograr la colaboración militar de los norteamericanos- por haber contratado a los filibusteros: Ponciano Corral, por doble traición, a su partido y a la patria, y Patricio Rivas y Fermín Ferrer, presidenta peleles. Y encomio por siempre a: Juan Rafael Mora, Presidente de Costa Rica que declaró la guerra; General José Marín Cañas y Juan Santamaría héroe y mártir- y José Joaquín Mora, general victorioso de las fuerzas centroamericanas".-Ídem, p.p.77-78.-

Hoy puede apreciarse con mejor objetividad, por un lado, la comprobación de los hechos que en general predijo Adolphe Marie y, por el otro, colocados en sendos platillos de la balanza patriótica, a los paladines del pensamiento liberal y unionista y a los costarricenses, otrora tan vilipendiados por aquellos. Los costarricenses fueron los hombres integrantes del gobierno de los "conservadores" que, en opinión de Mario Rodríguez, malograron el triunfo liberal intentado en Costa Rica contra el "conservador" Dr. José María Castro. Se exhibe aquí el ancho margen de error en que incurrió el historiógrafo norteamericano, dominado por una motivación liberal.

Adolphe Marie ponderaba realmente el liberalismo centroamericano en tránsito de disección, al defenderse de los ataques lanzados desde los baluartes de la prensa salvadoreña y nicaragüense. A Marie te tocó bregar contra articulistas de prestigio reconocido entre los liberales, como lo era Francisco Barrundia. En aquella contienda entre cohermanos en el liberalismo, encendidos en una pasión bullente, dejó Marie el testimonio de su visión clara y objetiva que los acontecimientos ratificaron luego. Su juicio era una definición precisa del estado de crisis a que habla llegado, en su involución vertiginosa, el liberalismo de los mejores días, reflejado en la Constitución Federal de 1824. La hermosura de su enunciado había sufrido la primera prueba de realización y mostraba los desgarres de su alumbramiento abortivo.

Con todo, es indiscutible la conciencia ilustrada que animó los primeros pasos del movimiento político centroamericano. Además, hay que reconocer que no fue un efecto simple de la liberación política; no nació de ella; venía fluyendo por el cauce histórico de la Colonia; era luz irradiada por los pebeteros constitucionales de Cádiz y Bayona. Para citar sólo un ejemplo extraído de la más retirada y oscura provincia del Reino, sirva el que ofrece Constantino Láscaris, al reproducir textos de las actas del Cabildo de Valle Hermoso, de 1913:

> **"El carácter de Padres de la Patria de que estamos revestidos, al paso que nos indica el ejemplo de la obediencia nos preceptúa estrechísimamente y bajo graves penas en ambos fueros de no consentir en cosa que perjudique nuestros vecindarios o nos degrade de los derechos que la naturaleza y leyes nos conceden sin a apurar ante los recursos que ellas nos permiten. Sentado este principio inconcluso y hablando siempre con respeto (...) Costa Rica ni puede ni quiere sino lo que le está concedido y ha jurado defender, es decir, su libertad civil. Sin ella el hombre es esclavo, es infeliz y deja de ser Ciudadano; y como quiera que de solo pensarlo se revuelve la naturaleza se degrada la cualidad del hombre, se quebrantan nuestros fueros y se vulnera grandemente nuestro honor y representación (...)"** -Láscaris, Constantino, Desarrollo de las ideas en Costa Rica, (1965) p33.-

El mismo Mario Rodríguez menciona el estudio del Dr. John Tate Lanning, de la Universidad de Duke, en el cual se demuestra que antes de la Independencia, los alumnos de la Universidad de San Carlos, de la ciudad de Guatemala, habían estudiado las ideas de la Ilustración con juicio crítico; sólo que no puede afirmarse, mucho menos a posteriori, como él lo hace, que

> **"su aplicación fue ecléctica y pragmática".** -Rodríguez, Mario, o. c. p. 208.

Además, es cierto el juicio del señor Rodríguez cuando escribe que

> **"los padres fundadores de la República Centroamericana habían recibido su inspiración ideológica de la Ilustración y de la aplicación práctica de tales ideas en los Estados Unidos de América".** - Ídem. p.208. -

Claro que tanto Lanning como Rodríguez dejan escapar un hecho tan importante: que en Centroamérica faltó precisamente el sentido práctico que, como se advirtió en páginas anteriores, fue fundamental en los pioneros de la organización política norteamericana. En estos sí primó el eclecticismo, movido por el sentido práctico que les asistió para llegar, pese a las grandes diferencias de posición ante la forma de gobierno que buscaban, a un consenso que institucionalizaron. En Centroamérica, exceptuando la ausencia del sentido práctico, el eclecticismo de que los autores norteamericanos han escrito sí se dio, como conjunción de dos hechos también señalados en páginas anteriores del estudio presente: la presencia de una tradición iusnaturalista y la participación relevante de clérigos ilustrados,en la declaración de la Independencia y en la formulación de la estructura institucional subsiguiente, aspecto gravemente omitido en los escritos históricos del Dr. Montúfar.

Ha quedado claro que las fallas en los juicios de historiadores citados, maestros de las generaciones estudiosas del siglo XX, fueron el efecto de actitudes afectivas emanadas del destete político implicado en la Independencia, máxime si en otras latitudes americanas fue más sangriento.

Aceptado lo anterior, debe agregarse el papel significativo en la desfiguración lamentable de la historia centroamericana, preferentemente de esta parte de la historia costarricense, por el movimiento liberal patógeno que vino a condicionar casi todos losjuicios y las decisiones del mundo occidental, durante el siglo XIX. Las repercusiones de dicho movimiento en Guatemala dieron origen at panterismo político, al fanatismo, a un jacobinismo remozado que obstaculizo, en gran parte, el alcance de los fines altos que se propusieron los gestores de la Unión Centroamericana.

Mario Sancho escribió, refiriéndose a esta cuestión, con especial referencia a la cultura colonial en América Española:

> **"(...) todavía hay entre nosotros quienes creen de buena fe que durante el coloniaje no hubo más que curas y capitanes ignorantes. Nuestros maestros tienen en parte la culpa". Sancho, Mario. Universidades y Escuelas coloniales en América en su libro Viajes y Lecturas (1933)**, p. 269.

Como el artículo del erudito y estilista nacional, Mario Sancho, era una réplica documentada a los juicios publicados por el maestro Luis Felipe González Flores, Sancho advertía:

> **"Los dueños de las bibliotecas que él (González Flores) cita como señales de nuestro despertar intelectual ocurrido después de nuestra independencia, don Joaquín de Iglesias y el Bachiller Rafael Francisco Osejo, eran hombres formados intelectualmente bajo el régimen colonial".** -Ídem. p.274.-

Y en página siguiente (275), cita Sancho al

> **"Padre Liendo y Goicoechea y** -dice- **es muy probable que aquel sabio humanista pudiera leer a Homero hasta en el texto".**

Pedro Henríquez Ureña, humanista hispanoamericano contemporáneo, también escribió, con su reconocida autoridad, sobre el tema

> **"Las listas de libros remitidas de Europa a los libreros de las Colonias abarcan la mayor variedad concebible de títulos y asuntos; las cantidades eran extraordinarias: así, en 1785, una sola remesa de libros recibida en el Callao, el Puerto de Lima, sumaba 37612 volúmenes. En el siglo XVIII circulaban muchos libros de orientación moderna: La Enciclopedie, obras de Bacon, Descartes, Copénico, Gassendi, Boyle, Leibniz, Locke, Condillac, Buffon, Voltaire, Montesquieu, Rousseau, Lavoisier, Laplace, se mantuvieron to circulación secreta todavía cuando se les consideró peligrosos y se prohibió su lectura".** -Henríquez Ureña, Pedro. La cultura Colonial. Histories de la Cultura en América Hispánica (1966). p.39

Las manifestaciones de Mario Sancho y Pedro Henríquez Ureña, entre otras ofrecidas por autoridades en la materia, en Hispanoamérica, son una réplica previa a buena parte del mensaje que, con oportunidad del V° Centenario del Descubrimiento de América, han emitido en Europa, en América y aquí, en Costa Rica, como parte de un esnobismo en boga que, como todos los de su especie, es recibido con aclamación casi general. Ni los autores citados ni quien escribe, tratan de disimular, con lo dicho, los vejámenes y crueldades de que fueron víctima los naturales de América por parte de conquistadores sin alma, ni la destrucción de monumentos de la cultura precolombina, ni el despojo de riquezas de que fueron objeto. Simplemente se trata de no hacer, en honor a la objetividad histórica, tabla rasa del valor que tiene y tendrá el Descubrimiento de América, cualquiera que sea el eufemismo con que se le denomine.

Para finalizar esta sección, sin agotarla por supuesto, conviene reiterar que, en Centro América, sufrieron sensible mengua los principios del ideario inspirador de la Independencia y de la institucionalidad; estos principios tomaron el rumbo hacia su caducidad vertiginosa. Fue una caducidad prematura que contaminó el sistema federalista que trataba de iniciarse. En el orden de las ideas, fue causa concomitante de la azarosa historia política centroamericana.

EL DOCTOR JOSE MARÍA CASTRO, SU IDEA POLÍTICA Y SU ACCIÓN.

El pensamiento del Dr. José María Castro merece un trabajo de dilucidación, máxime si, como se ha visto, la resaca del liberalismo centroamericano ha dejado su nombre envuelto en impurezas; a fuerza de rozar su efigie, alcanzaron a empañada en las postrimerías del siglo X1X, al menos ante los extranjeros que no han conocido sus ejecutorias. Recuérdese la afirmación del historiador Rodríguez, que

> **"las fuerzas unionistas en todo Centroamérica aclamaron la noticia del triunfo liberal en Costa Rica".**

Y ¿el derrotado? Ese era el Dr. Castro. ¡Triunfo liberal! ¿Habráse oído infundio mayor? Sólo porque puso el ejecútese definitivo al decreto de separación de Costa Rica de los demás Estados centroamericanos, porque remató la obra de don Braulio Carrillo, para esos liberales obcecados fue un conservador, ubicable entre los parias del intelecto político, entre los serviles. El Dr. Castro era

> **"dueño de un catolicismo muy desteñido con tendencias a filósofo"**-. *Sanabria Martínez, Víctor, acep.22.-.*

Castro Madriz era un ilustrado que orientaba su conducta cívica y política, hacia metas concebidas con perfecta claridad y enunciadas con precisión. Fue auténtico en su expresión, en sus acciones y en su convicción. Él era un producto de la Universidad de León, Nicaragua, doctorado en Derecho, en Filosofía y también, por la misma Universidad, graduado Bachiller en Artes. Su espíritu se inflamó en orgullo de ilustrado durante el acto solemne de su graduación, ante el eximio Dr. Máximo Jerez, quien descollaba entre los togados del Tribunal.

Las reservas manifiestas por Castro Madriz ante el unionismo, cabalgaban en un lenguaje claro, firme, elegante. Su disertación fue una pieza oratoria que sedujo a todos sus oyentes. Entonces fue, en los augustos claustros de León, donde el joven Castro Madriz se armó caballero de la inteligencia forense y política; ahí veló sus armas, para iniciar una contienda prolongada en el campo de las ideas y en las jornadas fragosas de la acción. Como el Lic. Carrillo, el Dr. Castro fue hijo intelectual legítimo de León. Ambos sustentaron la misma tesis, con la sola diferencia de sus temperamentos, ante el problema de la Unión Centroamericana.

El 22 de julio de 1842 se inició Castro Madriz, en la función pública de su país. - Obregón Loría, Rafael, El Dr. José María Castro Madriz. (1949), p. 11.-, como Auditor de guerra. Durante su peregrinaje de funcionario y de político, fue Ministro de Estado, Presidente Fundador de la República Soberana e Independiente, fundador de la Universidad de Santo Tomás, Catedrático y Rector; Ministro General, Presidente de la Asamblea Constituyente (1 859), Presidente de la Corte Suprema de Justicia, Ministro de Relaciones Exteriores. Fue siempre un propulsor ferviente de la educación y de los derechos del ciudadano, con especial preferencia de las libertades de pensamiento y de expresión. Adversó toda tiranía. Se inició en funciones bajo el gobierno del General Morazán, porque éste había terminado con la dictadura de Carrillo; más se retiró, cuando estuvo enterado del rumbo que tomaba la gestión del Caudillo Federalista, pues sin duda se halló Auditor de un aparato de guerra cuyos fines herían sus propias convicciones. Colaboró en forma brillante con el gobierno liberal del Doctor José María Montealegre, desde un puesto estratégico: la Presidencia, de la Asamblea Constituyente. Castro y Montealegre compartieron ideas políticas de pura filiación liberal. Ellos le dieron un golpe de timón a la República, hacia el norte luminoso de la democracia británica. En fragmentos de sendas alocuciones pronunciadas cuando se instalaba la Asamblea Nacional Constituyente, puede apreciarse la correspondencia de ideas entre ambos varones. Entonces hablaba Montealegre:

> **"Vais a ocuparos de constituir de nuevo la República (...) conocéis su población, su índole, sus recursos, el grado de su cultura, de su vigor político. Conocéis lo que valía en su estado de colonia, la desnudez en que pasó al cuerpo confederado (...) Es casi imposible al hombre encontrar ese tan decantado justo medio, ese verdadero punto medio de equilibrio entre la libertad y el orden (...) Pero al menos daréis una constitución (...) que sustituya a los caprichos del hombre la voluntad inmutable de la ley; a los vicios de la tiranía, las virtudes de la democracia". José María Castro se manifestaba en estos términos: "la combinación de las garantías individuales con el orden y la paz, al objeto de toda constitución y por desgracia de la sociedad humana, el objeto más difícil"-** Meléndez Chaverri, Carlos. Dr. José María Montealegre. (1964) p.p.72-73. a.

Como puede apreciarse, ambos plantean la misma preocupación acerca del problema que concentró la atención de pensadores eminentes del liberalismo europeo que se han aludido en páginas anteriores de este estudio: la lucha entre la libertad y la autoridad. Es posible que, entre los razonamientos que repercutían en la preocupación de estos dos hombres públicos, figuraran las ideas de Stuart Mill, expuestas en defensa de la libertad de pensamiento y de prensa. Él, en la mitad del siglo XLX, negaba

> **"el derecho del pueblo a ejercer tal coacción, sea por sí mismo, sea por su gobierno. El poder mismo es ilegitimo. El mejor gobierno no tiene más títulos para él que el peor. Es tan nocivo, o más, cuando se ejerce de acuerdo con la opinión pública que cuando se ejerce contra ella".** John Stwart Mill. Sobre la Libertad, versión esp. (1970), p.76. [17]

En el siglo XIX, en Costa Rica, cuando se organizaba la vida política independiente, la Tertulia reflejaba el eco lejano de intelectuales que defendían en Europa la libertad de prensa. Stuart Mill recogió la bandera de las libertades, cuando estas se velan amenazadas, tanto por el movimiento político paralelo a la gran industria, como por su contrapartida iniciativa critica del economista Carlos Marx. Stuart Mill publicó, en 1859, el Ensayo sobre la Libertad. Sus ecos resonaron con particular intensidad en el Dr. Castro Madriz. Entonces la duda en los principios que sustentaban el ideario liberal hacían ostensible la existencia de la polaridad social que emerge de la naturaleza del hombre por un lado la libertad, uncida a la existencia del individuo, de la persona humana y, por el otro, la

---

[17] Reproducción de textos de La Gaceta, año13, del 19 de octubre de 1859

autoridad, principio inexcusable del orden social. Estos elementos, tan fácilmente armonizados en la teoría de Rousseau, se comportaban harto rebeldes, ante los esfuerzos mentales del Dr. Castro, por conciliarlos en la Constitución política y el conflicto no era para menos. Proudhon, otro teórico de la estructura político-social, gran ideólogo de la generación ilustrada, pese a los juicios peyorativos que hicieron sobre él los socialistas "científicos", consideraba que se habla fracasado en el intento de imprimirle realidad al producto bellísimo del pensamiento político rousseauniano.

Del mismo modo Castro y Montealegre, con pesimismo no disimulado, buscaban dotar a la República del instrumento que pudiera garantizar

> **"ese verdadero punto de equilibrio entre la libertad y el orden"**, o sea, **"la combinación entre las garantías individuales con el orden social y la paz"**

El justo medio entre la libertad, bullente en los hondones de la existencia personal, y el orden, solo garantizable por medio del Estado y de la autoridad, era la piedra filosofal anhelada por la democracia. Para Proudhon, teórico del federalismo, aquella era una meta inalcanzable por medio de las fórmulas ofrecidas, pues en el fondo de ellas seguía inalterable, irreductible la contradicción. También para el Dr. Montealegre, hallar esa, fórmula mágica era "casi imposible al hombre". El Dr. Castro lo consideraba "el objeto dos políticos, por coincidencia homónimos, ostentaban un más difícil". Ya se ve que estos pensamientos políticos actualizados y convergentes, con síntoma inequívoco de la crisis congénita del liberalismo europeo más auténtico: el forcejeo entre los extremos la, contradicción implícita en un movimiento heterogéneo de pujanza.

La simpatía política del Dr. Castro hacia el General Morazán, manifiesta en su mocedad ciudadana, fue sin duda estimulada por nexos de sangre y de amistad con gentes afectadas por el gobierno de Carrillo. Además, Morazán representaba una causa republicana que, en el fondo, Castro identificó con su propia vocación de ejercer y permitir el ejercicio de la libertad. No adivinó, quizá por la velocidad de los acontecimientos, que a la vuelta inmediata del camino le correspondería culminar la obra inaugurada por don Braulio, romper en definitiva con la Federación y, de ese modo, fraternizar históricamente con el Jefe del Estado depuesto por Morazán.

El Dr. Castro amó, sobre todo, el principio de la libertad. Durante su gobierno hizo de la libertad una realidad, especialmente de la libertad de pensamiento y de expresión. No encontró, eso sí, el engarce conciliador entre la libertad y la autoridad. Por tal razón hubo de terminar siempre como don Quijote, apedreado por los galeotes que se sirvió liberar. Fue una víctima de la contradicción entre la libertad y la autoridad. Cuando sirvió al país en funciones bajo el mando de individuos fuertes, como Tomás Guardia y Próspero Fernández, en la fase vesperal de su trayectoria pública, su ideal de libertad cedió un buen trecho, ante la seducción de la autoridad.

Desde Sonsonate escribió Carrillo al pueblo de Costa rica, el 15 de junio de 1843:

> **"Yo le doy las gracias por este servicio (lo mismo que) al señor José María Castro, quien disponiendo como Ministro de las imprentas i papel del Estado dio publicidad a un documento importante que desde su fecha debiera haber circulado".**

El documento era el Manifiesto emitido por Carrillo en Puntarenas, en abril de 1842 y que Morazán se había negado a publicar. Es una prueba más del espíritu que animó al Dr. Castro en cuanto al respeto a las libertades, a los derechos de expresión y de imprenta. El mismo lo decía

> **"Quiera Dios que durante mi presencia sean saciadas las hambres de libertad de prensa para que mis sucesores encuentren calmados los ánimos, y encauzado, por sí solo este derecho incontrovertible del hombre a un plano más elevadas miras".** -Obregón Loría Rafael. Dr. José María Castro Madriz. P 35.

Dejando de lado sus nexos con las logias, lo que entonces solía ser práctica frecuente, en el Dr. Castro pueden hallarse unidos todos los cabos del pensamiento liberal. Monseñor Sanabria escribió, sobre él, que

> **"su filosofía era el progreso, alias la escuela liberal aplicada en la política y en La legislación".** Sanabria Martínez, Víctor. La Primera Vacante de la Diócesis de San José (1973).

LA LIBERTAD DE PRENSA

El Dr. Castro rindió siempre culto especial a la libertad de prensa. Por ello se explica, además, su gran afinidad con la línea de pensamiento enunciada por don José María Montealegre. Este ciudadano, elevado a la Presidencia de la República, tenía también arraigada su devoción a las libertades, no solo por su formación en la Gran Bretaña, sino, también o, quizá principalmente, por la firmeza con que su padre, Mariano Montealegre, sustentaba el principio de la libertad de prensa. Don Mariano había sido funcionario público durante los últimos años de la Colonia. El 17 de enero de 1843, se manifestaba de la siguiente manera:

> **"Es muy placentero el decir lo que se siente, con respecto al Gobierno- criticar las leyes que existen, solicitar las mejoras que pueden tener proponer otras nuevas: quejarse de los procedimientos de los Tribunales de Justicia: decir que tal empleado no cumple con sus deberes: que va a la oficina, pasada la hora: censurar las providencias del Ejecutivo: pedir la aplicación de los fondos a los objetos para los que fueron creados.- En fin, tanto que hay que decir en todo lo que concierne a la comunidad."** - Meléndez Chaverri, Carlos, o. c. p.174. **18**

El texto del señor Mariano Montealegre Bustamante no responde a una definición filosófica, a

[18] Fragmento del comunicado comprendido en el apéndice No 2

un enunciado de ideas. Más bien responde a un sentimiento de la libertad de prensa, hondamente vivido por él, una libertad disfrutable en la expresión crítica de los actos de los funcionarios públicos, no para la obstrucción ni para la calumnia. Don José María Castro también vivió ese sentimiento de la libertad, pero sustentado en un ideario consecuente con el pensamiento que en Europa se proclamaba, en respuesta a las amenazas que los sistemas políticos presentaban al ejercicio de las libertades individuales.

LA INVIOLABILIDAD DE LA VIDA HUMANA

Por más que hubiese participado Castro Madriz en la reunión de vecinos que acordó el derrocamiento de don Juan Rafael Mora y luego en el gobierno de Montealegre, tuvo que haber rechazado, en su conciencia, la ejecución de don Juanito y del General Cañas. Es probable que tales acontecimientos hayan contribuido a reforzar la repulsión que Castro Madriz sentía por la pena capital. Reconciliado con el General Guardia, fue llamado por este a colaborar en su gobierno, como Ministro de Relaciones Exteriores e Instrucción Pública. En el ejercicio del Ministerio y habiendo recibido Castro la noticia de los fusilamientos decretados por el Gobierno de Guatemala, se dirigió a las cancillerías extranjeras, en un documento de contenido intelectual humanitario en que fluía su pensamiento claro, acerca del derecho capital de los hombres a la inviolabilidad de su vida. Sus frases lucían inflamadas en convicción y, repítase, sin duda con las motivaciones de la reciente experiencia nacional. El expresaba:

> **"Ninguna garantía hay con más títulos que esa, para ocupar el primer lugar entre las que componen, en admirable combinación, lo que puede llamarse el organismo democrático republicano. Ella es, no sólo el derecho del ciudadano, sino aun, el derecho de Dios, autoridad altísima, a la que parece reservada la facultad de introducir en los días del hombre el pavoroso misterio de la muerte; ella**

quebrantando el cadalso y poniendo los pueblos fuera de su silueta sombría, anuncia la buena nueva de la fraternidad universal (...) Un gran pensador, Jesucristo, ese sublime condenado a muerte, abolió al soportarlo, un suplicio que puede ir envuelto en errores, y por el cual la ley humana enclavó en afrentoso madero la ley divina para memorable enseñanza del porvenir". Obregón Loría Rafael, José María Castro Madriz, p. p. 41-42

El Dr. Castro alude en el texto citado, que constituye una protesta, al Derecho Natural que procede de Dios. Formula una proclama vehemente dirigida a los países amigos, que proceso ceso constitucional evolutivo hacia la extinción de la pena resultó ser preludio de muerte en Costa Rica.

La Constitución Política que aprobó la Asamblea Constituyente bajo la Presidencia el Dr. Castro, incluía la pena capital -ya hecha tradición-, en el artículo 41, aplicable a los convictos de homicidio **"premeditado y seguro o premeditado y alevoso"**, de alta traición y de piratería. El artículo 42 especificaba y restringía la causal de alta traición. Ya se aprecia, en la limitación misma, una Conciencia más vigilante de las posibilidades del abuso en la aplicación de una pena que, de ser injusta, acarreada daños irreparables. La Constitución de 1871 reproducía, en el artículo 45, el texto del artículo 41 de la Constitución de 1859, el mismo de los artículos 39 y 40 de la Constitución de 1869, El decreto del 26 de abril de 1882, que puso de nuevo en vigencia la Constitución de 1871, contenía reformas sobre las que destaca el artículo 45: "Art. 45 La vida humana es inviolable en Costa Rica."Se suprimió el artículo 46 de la Constitución del 71, referente a los casos 2° y 3° del articulo 45 sustancialmente reformado.

Firman el decreto el Presidente de la República, Tomás Guardia y el Ministro de Relaciones Exteriores, José María Castro.

Interesa advertir que la pena capital no figuró en el Pacto de Concordia, ni en los dos Estatutos Políticos precedentes a la Ley Fundamental del estado Libre de Costa Rica, de 1824. Su historia nacional se inició al incorporarse Costa Rica a la República Federal, pues aunque La Ley Fundamental del Estado no la contemplaba, si estaba indirectamente prescrita en la Constitución Federal de 1824. Fue la fórmula que pasó luego a Costa Rica y se mantuvo idéntica hasta la proscripción de la pena en la fase final del siglo XIX. Art. 152 de la Constitución Federal:

> **"No podrá imponerse pena de muerte, sino en los delitos que atenten directamente contra el orden público, y en el de asesinato, homicidio premeditado o seguro."**

La Constitución Federal reformada en 1835, artículo 180, establecía que

> **"Ninguna ley del Congreso ni de las legislaturas de los estados, puede contristar las garantías contenidas en este título; pero sí ampliarlas y dar tras nuevas".**

Bajo la cláusula negativa que responde mejor a la estrategia del mandato, parapetado en una garantía individual, se consagra constitucionalmente la pena capital en todo el territorio de la República Centroamericana. Más tarde. El Código General de Carrillo lo recoge y, cl Decreto N° LXXXVI, del 24 de agosto de 1842, emitido durante el gobierno de Morazán, en el artículo 9, se lee:

"Cuando el Código -el de Carrillo- imponga la pena de muerte, fuera de los delitos de traición y homicidio premeditado, o seguro, no se aplicará dicha pena sino la equivalente que es diez años de presidio."

La pena de muerte no es un producto genuino del liberalismo espontáneo, valga decir, del liberalismo criollo. Estrictamente hablando, la pena capital no es de cepa costarricense. Y podría llamar la atención que un presidente de la República, militar por sus mejores títulos, bizarro excombatiente de la Campaña Nacional, dictador formal por añadidura, el General Tomás Guardia Gutiérrez, haya puesto su punto final, en Costa Rica, a la pena de muerte. A su lado estaba el Dr. Castro, el ideólogo de la libertad y, en el Norte del Istmo, exhibiendo la hipertrofia del poder y la indiferencia ante derechos tan sagrados, ejercían el poder, gobernantes muy poco afines al General Guardia.

La biografía de la pena de muerte se inicia con su partida de nacimiento, asentada en Guatemala el 22 de noviembre de 1824, articulo 152 de la Constitución Federal.

La vigencia constitucional de la pena de muerte en el país estuvo comprendida, entre el 25 de enero de 1825, fecha en que obviamente se ratificó la aceptación plena de la Constitución de la Republica Federal, y el 26 de abril de 1882. Estuvo vigente en el Código General de Carrillo, cuerpo jurídico que sobrevivi6 al gobierno y a la vida de su autor (Carrillo). Como norma constitucional no vuelve a aparecer hasta la Constitución Política de 1844, art. 29, el cual indirectamente alude a la aplicación de la pena de muerte contemplada en el Código General. El Dr. Castro, enemigo nato de la pena de muerte, firmó su defunción. Con ello esta pena cerraba su ciclo de existencia, curiosamente paralelo al de la Federación: Mas durante la vigencia prolongada de la pena de muerte, cayeron segados por esa guadaña inclemente, muchos costarricenses y egregios varones centroamericanos. Si no hubiera sido por la existencia nefasta de ese suplicio, sus víctimas habrían expiado las culpas y habrían podido prestar sus nuevos servicios a la Patria. No se habrían producido arrepentimientos inútiles, por tardíos, entre las generaciones del país. Se habría evitado el dolor de la familia costarricense. Recordatorio patético de esa historia cruda serán siempre: la esquina Sur-Oeste del Parque Central de San José, cadalso del General Morazán y el sitio de Los Jobos en Puntarenas, donde fueron fusilados los prohombres de la Campaña Nacional, Juan Rafael Mora y José María Cañas. El Dr. Castro, sepulturero de esta pena, expresó, con razón entera, que "la inviolabilidad de la vida es la primera garantía en un organismo social que aspire a llamarse democrático". Porque no solo es un derecho del ciudadano, sino, más aún, el derecho del hombre, como dimensión que fluye del Creador. Los extremos transcritos y comentados, del pensamiento del Dr. Castro, no dejan signo de duda sobre su filiación liberal y desvirtúan, además, los juicios manifiestos por el Dr. Mario Rodríguez. Pero como Castro Madriz constituye una figura clave del ideario separatista, durante la agonía de la República Federal, se hace necesario limpiarla de todo error, inundando de luz la imagen que algunos estudiosos han trazado de él. Si firmó el decreto de soberanía e independencia absoluta de Costa Rica, elevándola al rango de República y, si en su calidad de Primer Presidente de la República, gestionó, ante su Santidad el Papa Pío IX, la erección de la Diócesis y el nombramiento de un obispo en Costa Rica, todo fue dirigido al establecimiento de las bases, temporales y espirituales, sobre las que se sustentaría el edificio institucional de la Patria, sin las interferencias generadas en las naciones centroamericanas. La personalidad ciertamente endeble del Dr. Castro, en el plano de la ejecutividad, a la que en parte se debió la inconclusión de su gobierno, fue superada con creces por la claridad y firmeza de sus ideas.

Es oportuno recordar, en punto a la emancipación total de Costa Rica y a la responsabilidad que en ello corresponde al Dr. Castro Madriz, que la Constitución Política del 10 de febrero de 1847, articulo 7, inciso 18, establecía ya la discrecionalidad del Poder Legislativo para dar o negar el pase a

> **"leyes o disposiciones del Gobierno General de la República, cuando existiese, según conviniese a las disposiciones fundamentales del Estado".** - González Víquez, Cleto. o. c. p.129.-

El historiador González Víquez advierte que, con esto, al mantener nominalmente abierta

> **"la puerta de la Unión Centroamericana, en el hecho se trancaba y se le aseguraba con barrotes".**

El Dr. Castro, que preparaba su ascenso a la Primera Magistratura del Estado, cuidó sin duda de limpiar, con antelación inmediata, el camino a la emancipación total. Alas puertas estaba el decreto del 31 de agosto de 1848.

LOS GENERALES BARRIOS

Aunque con la muerte de Morazán el Unionismo había perdido su posibilidad histórica, la idea no desapareció; bajo circunstancias nuevas se hacía sentir su débil existencia. Se mantuvo siempre ligada a las palpitaciones del liberalismo, como una reminiscencia. Fue así que,

> **"concluidas los tristes acontecimientos de setiembre y octubre de 1860, renace, sobre las cenizas de los anteriores un nuevo proyecto que tendía a consolidar la extinta República Centroamericana. Desde 1858 el gobierno nicaragüense había invitado a los demás países istmeños para celebrar una reunión en el Puerto de La Unión con el propósito de restablecer La Patria Grande".** -Meléndez, Carlos. o. c. pp. 134-135.-

El Dr. Máximo Jerez y Fernando Chamorro, enviados por el Gobierno de Nicaragua, el 27 de octubre de 1862, ante los gobiernos de El Salvador y Guatemala, propusieron formalmente un plan para restaurar la República Centroamericana, usando los recursos de la fuerza. - Ídem. p.135.- De nuevo el eximio liberal nicaragüense, el Dr. Jerez, figura en el tinglado de los unionistas, portando el estandarte de las coaliciones intergubernamentales. Su unionismo en esa hora, como en el preámbulo de la intervención filibustera, llevaba el signo de la conflagración. Se abandonaba, con ello, el recurso de la convención, la fuerza vital de las ideas y, siguiendo el viejo intento de Morazán, se recurría de nuevo al instrumento bélico que había abierto el fragoso camino en la historia de Centro América. El Gobierno de Costa Rica encendió su lucecita roja ante las conocidas pretensiones del presidente de El Salvador, el General Gerardo Barrios. Este había respondido con presteza a las seducciones de la guerra, para resucitar a la República. El Ministro costarricense Francisco María Iglesias pulsó las cuerdas de la diplomacia entre los gobiernos centroamericanos del bando unionista: Honduras y El Salvador. Incluso Guatemala y Nicaragua. Cuando la situación alcanzaba niveles de peligro, Rafael Carrera cortó el nudo gordiano; el nuevo "líder" del Unionismo castrense halló luego la muerte a manos de sus enemigos nicaragüenses.

Era el mes de junio de 1871 cuando irrumpió en la antigua Metrópoli del Reino de Guatemala, procedente de México, el grupo que encabezaban Miguel García Granados y Justo Rufino Barrios, el "idealista" y el Caudillo, la palingenesia de Mariano Gálvez y Francisco Morazán. Llegaba a su término en Guatemala el dominio conservador. Primero asumió el Gobierno García Granados; luego siguió el del General Justo Rufino Barrios, Presidente que reinstaló el esquema ideológico-político liberal en ese país, a partir de 1871.

> **"Durante el régimen de Barrios el liberalismo alcanzó días de esplendoroso apogeo". Pero "fue por ese tiempo cuando el liberalismo de Guatemala principió a dar muestras de que no tendría escrúpulos para usar cuando la necesidad así lo demandara, métodos de lucha bastante violentos y vergonzosos".** -Samayoa Chinchilla, Carlos. o.c.p.67.-

La necesidad -es obvio- sería la del liberalismo endurecido y fanatizado hasta los extremos, estimulado por las condiciones del conservadurismo a ultranza de Carrera. Esa necesidad -fue demostrado- irrumpiría de una sed de mando difícilmente saciable que anhelaba imponer su autoridad en todo el suelo centroamericano.

LO QUE OCURRÍA EN COSTA RICA

Desde mediados de siglo se hallaban presentes, en gobiernos de supuesta línea conservadora, personajes influyentes del liberalismo:

> **"Volio- Julián-, el Dr. Castro, Bonilla, Carazo (J. M.), Aguilar-(Mauro)- Marie** (Adolph), **Carranza, (Bruno), etc. siendo uno de los principales corifeos de este movimiento** -el que se opuso en forma cerrada a la entrada de los PP Jesuitas procedentes de Guatemala, de donde habían sido expulsados-, **el Dr. Montúfar, huésped del Dr. Castro desde 1851".** -Sanabria Martínez, Víctor. Anselmo Llorente y Lafuente, p. 175.-

El mismo Sanabria advirtió que junto al liberalismo, se introdujo en el país la masonería.

> **"Huelga decir que lo más granadito de ese liberalismo tenía que refugiarse en las logias, verdaderas cuevas de espíritus fuertes (...) La masonería fue entre nosotros el grupo organizado de la liberalería, fue el instrumento de expresión del liberalismo".** -Ídem. p. 229.-

De Guatemala, con el Dr. Lorenzo Montúfar, vino el influjo liberal-masónico que habría de tomar fuerza cuando las circunstancias políticas mejor se lo permitieran, máxime si la cultura y el activismo de este ilustre liberal eran relevantes. Pues en 1871 el clarín marcial tocaba la diana unionista y liberal, anunciando su nuevo día. A esa altura del siglo se producía, además, una interesante solución de continuidad del gemelismo entre el pensamiento liberal a la inglesa y el militarismo, secuela éste último de la Campaña Nacional. El Presidente Jesús Jiménez fue depuesto por el golpe encabezado por el General Tomás Guardia. El señor Jiménez había ascendido al poder como resultado de una fórmula que trataba de salvar, en parte, los intereses políticos de los "novedosos" moderados y de los conservadores, un poco en desmedro de los "novedosos extremistas" más definidos del grupo de los Montealegres. -Sanabria Martínez, Víctor, *Anselmo Llorente y Lafuente* p. 219-. Los novedosos moderados -con ideas nuevas- eran los Iglesias y los Tinocos. El Presidente Jiménez cayó por acción preconcebida de los "novedosos" extremistas. No obstante, la finalidad del golpe se frustró. El General Guardia no tenía levadura para la sujeción. Las consignas quedaron anuladas y Guardia, desde entonces, diría la última palabra sobre lo que se debería hacer en Costa Rica durante una década. Entre tanto, liberales y militares entraron en un largo receso; aquellos, en lo que atañe a los nexos políticos con los liberales guatemaltecos, cuya influencia no fue más en el plano de gobierno. Durante el gobierno de Guardia imperó, aunque no por principio alguno, un eclecticismo ideológico-político corno efecto, en parte, de la destacada participación, diríase promiscua, de "liberales" y "conservadores". Aquella fue una coyuntura histórica mucho más eventual que como había sido en gobiernos anteriores: los de don Juan Rafael Mora, don José María Casto y don José María Montealegre. El fenómeno se produjo fuera de todo plan; del mismo se derivó una línea de comportamiento oficial completamente alejada de la hoguera de pasiones encendida en

Guatemala y extendida a otros estados centroamericanos. Tomás Guardia, aquel Comandante del Batallón de Moracia (1857), lanzado al delicado negocio de la política con aires de romántico postrero, hizo gala de una independencia retadora que puso mojones fronterizos al intervencionismo guatemalteco. En la mentalidad simplista del Presidente Guardia, más por intuición que por raciocinio, intervencionismo y liberalismo se identificaban. Claro está que, en la práctica, ambos ofrecían el mismo perfil.

La dinámica político-castrense se apreciaba con claridad en el horizonte centroamericano. Era la perspectiva de los costarricenses, sin diferencias surgidas en banderías ideológicas. El 27 de julio de 1872, el Ministro de Relaciones Exteriores y Culto, Dr. don Lorenzo Montúfar, en nombre del Primer Designado a la Presidencia en el ejercicio del poder José Antonio Pinto, informó a la Comisión Permanente que se había prohibido a los PP Capuchinos desembarcar en Puntarenas. Por la Comisión Permanente respondieron

> **"Don Manuel Antonio Bonilla, masón de altísimos grados y don Vicente Herrera, católico de bien asentado criterio".**

El documento contiene un diagnóstico preciso del acontecer en Centro América y un pronóstico desalentador:

> **"Conocida es la situación actual de Centroamérica. Parece que bajo su suelo hay un volcán de efervescencia, que no espera más que un combustible cualquiera para estallar una conflagración. Costa Rica mismo que hasta aquí ha podido permanecer simple espectador de las luchas que han desgarrado a sus hermanas, no está exenta ya de que se la**

obligue (...) a tomar parte activa en las eventualidades que puedan surgir", - Sanabria Martínez, Víctor. La Primera Vacante de la Diócesis de San José. (1973). p. 51

LAS EVENTUALIDADES

El 6 de junio de 1882 murió el general Guardia. Un mes y cuatro días después asumió el poder el General Próspero Fernández, otro dilecto engendro de Marte en los vientres fecundos de los años 1856-1857. Con el General Fernández hicieron gobierno algunos ciudadanos que luego

> **"formaron el núcleo del cual brotó el llamado Olimpo (...) era lo más distinguido que entonces había en el país y afiliados casi todos a las logias canalizaban en su conducta la (violenta) corriente liberal de Guatemala y la dejaban tranquilamente invadir a Costa Rica".** - *Peralta, Hernán G. Don Rafael Iglesias (1928). p.127*

Habla caído el General Guardia, baluarte defensivo de la nación y el más temido por sus adversarios allende las fronteras. Entonces el enemigo tomaba posiciones; preparaba el asalto definitivo a esta república separada que debería pagar, con la humillante moneda del vencido, antes de ser incorporada de nuevo a la República Federal. Como Julio César en esta Galia chica, Justo Rufino Barrios obraría el prodigio inminente de la dominación, bajo el signo del liberalismo. La Providencia estuvo de parte de los costarricenses; relevó, al Gobierno y al pueblo, de una nueva contienda frente a los gobiernos centroamericanos que se disponían a marchar con sus huestes por el suelo de la Patria. El caudillo liberal guatemalteco avanzaba en lo suyo, dando así por ignoradas las afinidades correligionarias con el grupo gobernante costarricense. Aquello era simplemente la verificación de que "no hay peor cuña que la del mismo palo". Aquel sería sin duda el palo endeble matizado de insurgencia, del liberalismo costarricense. Su leño estaría destinado a rajarse y su savia institucional de mejor cepa, a derramarse en hilos densos sobre la corteza del pueblo, como efecto de la "cuña" grande y gruesa, golpeada por el mazo del liberalismo enervante de Guatemala.

EL LENGUAJE DE LAS CONMINACIONES

El Presidente Fernández recibió, de su "afectísimo" cohermano en la causa redentora y flamante del liberalismo centroamericano, General Justo Rufino Barrios, Presidente de Guatemala, un telegrama que aquí va transcrito de último, a fin de mostrar la secuencia veloz de las determinaciones y el agitado ritmo de las comunicaciones.

1) Del Presidente Cárdenas de Nicaragua, al Presidente de Costa Rica:

"El Ministro de España acaba de dirigir al Cónsul en esta República el siguiente cablegrama que comunico a usted confidencialmente, rogándole se sirva participarme su opinión sobre el asunto a que se refiere".

He aquí el texto del cable del Ministro de España al Cónsul en Nicaragua:

"Acabo de saber que anoche aprobó la Asamblea de Guatemala un decreto sobre unión centroamericana, asumiendo el mando militar de todo Centroamérica, para realizarla, el General Barrios. Yo estoy en esta negociando unos tratados y considero grave la noticia. Sírvase comunicarle al Presidente Cárdenas y al Ministro de Estado y comuníqueme usted con urgencia la actitud que tomen. Regresaré a Guatemala el 10. (f) **Ordóñez, Ministro de España".**

2) Del Presidente de Guatemala al general Próspero Fernández, Presidente de Costa Rica:

"Comunico a usted que anoche aprobó la Asamblea nacional el decreto en que para realizar la Unión Centroamericana, asumo el mando militar de Centro américa. (f) Su afectísimo, Justo Rufino Barrios". *-Ídem. p 160.-*

El antecedente del acuerdo comunicado por el General Barrios al General Fernández se halla en los anales de la historia de Costa Rica, en el decreto del 20 de julio de 1842, por el cual la Asamblea Constituyente de Costa Rica, integrada bajo el gobierno del general Morazán dispuso:

"artículo 4° El Poder Ejecutivo del Estado queda autorizado para obrar conforme convenga a fin de que tenga efecto la reorganización de la República y el establecimiento de la Unión Nacional -Centroamericana- que reclaman altamente los deseos e intereses de los centroamericanos" -Ídem. p. 168.-

La conformidad con lo que convenía fue fijada por la Asamblea Nacional de Guatemala, en una línea de pensamiento y de acción perfectamente consecuentes. Fue así como la historia del unionismo por medio de las armas se abrió con Morazán en su aventura de 1842 y su ciclo fue cerrado por el general Justo Rufino Barrios. Las ideas y los métodos se corresponden. Es posible que aquellas fueran legítimas, pero los métodos elegidos para llevarlas a cabo no podrían haber sido peores.

A guisa de cumplido histórico, el Unionismo

tuvo luego dos recordatorios: el primero: en la ley N° 38, del 6 de junio de 1888, artículos 1 y 2, en las postrimerías de la Reacción Liberal. El segundo fue consignado en la Constitución Política de 1917, Cap.1 art. 1, párrafo segundo y art. 3, párrafo segundo. Los textos constitucionales mencionados abrieron las puertas de nuevo a la posibilidad de uniones políticas futuras con estados centroamericanos. Al derrumbarse el régimen de Tinoco y con la Constitución de 1917, vuelve a su plena vigencia la Constitución de 1871. Este acontecimiento político hizo desaparecer, en el país, en forma definitiva, la desdibujada presencia constitucional unionista.

La causa unionista vivió setenta y cuatro años. Su bandera flameó por primera vez en 1824 y fue arriada el 12 de noviembre de 1885, aunque se mantuvo a media asta, al menos en Costa Rica, realmente hasta 1917. Ante ella Costa Rica se condujo con recelo y luego en convencida oposición. El liberalismo, aunque no en forma exclusiva, estuvo en la primera línea federalista; transitó unido y hasta confundido con el unionismo par los senderos tortuosos de su breve historia. En Costa Rica, muy a pesar de los panegiristas de la Reacción Liberal, se operó una simbiosis del movimiento liberal con formas tangibles de la masonería revolucionaria. En este sentido la secuela del hervidero guatemalteco y de las miasmas arrastradas altos eras, desde Sur América, especialmente de Colombia y de Ecuador, por los vientos de la inmigración. El problema hizo crisis; mantuvo en vilo a los Estados del Istmo, a partir de la Independencia y durante casi todo el siglo XIX. La causa cubrió de niebla el verdadero perfil del proceso, inspirado en el "Principio Federativo" contribuyó a la concepción errónea del espíritu nacional costarricense, por parte de los estudiosos nacionales y extranjeros; por ello, estos no apreciaron con claridad precisa la conducta de eminentes ciudadanos costarricenses, como Braulio

Carrillo y José María Castro. El liberalismo espontáneo, producto nacional mucho más afín a los auténticos principios del término, fluyó un tanto desdibujado entre las sombras de la pasión política y castrense que exacerbó a los grupos dirigentes centroamericanos. Ese liberalismo espontáneo fue impropiamente identificado con un conservadurismo a ultranza, de gravitación regresiva. De ahí que los estudiosos extranjeros hayan dejado escapar el fenómeno, aunque raro, no por tal menos objetivo, de que

> **"aquí los católicos y los liberales, quizá por falta de causa, se confunden en sus lineamientos como en la lejanía del horizonte se diluye el azul del mar en el azul del cielo."** Ídem. p. 168.-

Esa "falta de causa" equivale a la inexistencia, en Costa Rica, de la confrontación radical de corte ideológico entre católicos y liberales durante la mayor parte del Siglo XIX.

LA RUTA DEL LIBERALISMO COSTARRICENSE

La convulsión libertaria de la América Hispana irrumpió envuelta en ideales de cepa europea y se movió al soplo ejemplar de los Estados Unidos de América. En realidad fue parto auroral de un romanticismo ontogénico de gestación prolongada.- Cordero Solano, José Obdulio, o. c., p.53.- Su tallo tierno brotó empapado en la sangre indómita de los naturales y la sangre impetuosa de los hispanos. El iberoamericano, rebelde por ambos conductos genéticos, se movía libérrimo en las llanuras inacabables, entre los cangilones de la montaña, por riscos y playas sin dueño. El fuerte zumo romántico absorbió las remotas emanaciones del espíritu liberal, para recogerlas en bloques tangibles, compactos: rancherías, poblachos, dominios de presunción neo monárquica y, por fin, comunidades nacionales. El huracán revolucionario agitó con violencia las frondas que se habían columpiado sobre la brisa romántica. Buena razón asiste a Henríquez Ureña cuando ha escrito que

> **"las doctrinas igualitarias del siglo XVIII dieron nuevo apoyo a esta actitud tradicional en la América Española y las campañas libertadoras les dieron expresión oficial".** *Henríquez Ureña, Pedro. Historia de la cultura en la América Hispánica. (1966), p. 57-*

El autor citado indica que

> **“la doctrina de la soberanía del pueblo, opuesta a la tradición que concentraba la soberanía en el Rey, es la base teórica en que se apoya la independencia (...) El habitante se convirtió de súbito en ciudadano”.** *-Ídem. p. 56.-*

Sobre esta línea se da la marcha genética del ser nacional costarricense. Pero no hay que olvidarlo aquí lo de la "soberanía del pueblo" careció de aristas apasionantes, porque "la soberanía del Rey" había sido intangible. Esto hizo apacible, en Costa Rica, el proceso de la independencia, mondé los filos del sentimiento y permitió el juego manso y fraterno de las ideas más dispares.

En páginas anteriores de este trabajo se vio el comportamiento incipiente de un liberalismo ecléctico, equidistante de la forma teórica pura y de la realidad humana concreta. El plano inicial de esta actitud configurante se ubicaba encima del

> **“liberal puro que pone el acento sobre la libertad, independiente del orden y** mirada Como un fin en sí (...) en insurrección abierta contra todos los poderes”- Baudin, Louis. El Alba de un Nuevo Liberalismo. (p.19).-

Costa Rica puso sus pies en el trampolín de una vivencia liberal, frontera entre el esquema de la libertad absoluta, personal, "mirada como un fin en sí", y el esquema del orden, sustrato de la autoridad y justificativo del Estado. Ese salto a la equidistancia entre las formas extremas de la teoría política quedó fijado en el Pacto de Concordia. Esta concordia, nominalmente creada por el lenguaje de la Ilustración, tomó en Costa

Rica una existencia real, rubricada por la fe del vecino entonces convertido en ciudadano. Nunca será suficiente reiterar que allí estuvo la causa psíquica de la conducta, más reflexiva que activista, exhibida por el pueblo costarricense ante la nueva situación. Para sólo citar un ejemplo comparativo, véase el contraste del comportamiento costarricense, respecto de la actitud

> **"del pueblo de Tegucigalpa"** que **"abrazó la causa de la libertad con delirio y con locura."**- Montúfar, Rafael. Introducción al libro Francisco Morazán, de Lorenzo Montúfar (1896).

El llamado a la sensatez y a la serenidad lo hicieron aquí quienes inauguraron aquella fundación política, en la solemnidad madura de la reflexión. José Rafael de Gallegos, al aceptar, obligado, el mando, como Jefe del estado, tenía una imagen de la Patria como

> **"el suelo en que nací, donde existo, existe mi familia y la mayor parte de mis amigos".** - González Víquez. o. c., p

Esta concepción tan simple guarda relación con la de

> **"Comunidad que abarca capas (…) profundas y extensas del individuo (donde) predomina la voluntad esencial (...) que implica una forma existencial de vida".** - Heller, Hermann. Teoría del estado (1961), p.106.

De la misma alocución de Gallegos (marzo de 1833), transcrita por González Víquez, léase:

"Desoíd, pues, compatriotas, toda otra voz que os pueda desviar del sendero inalterable de los sanos principios: haced sentir al mundo que sabéis ser libres; patrocinad vuestra quietud, la unión que os distingue y la paz que os caracteriza".

Estas palabras reflejan el ideal de libertad de un varón nacido para saborear los frutos dulces de la paz, de la unión, de la concordia. Todos esos valores iban envueltos en un mensaje de sencillez formal y de profundidad temática. Descuella, además, el sentir respecto de lo criollo, la forma en que los ideales en abstracto suelen hincar sus raíces en lo concreto, localizado. Del mismo modo se pronunciaba la Comisión Redactora del Proyecto de Constitución Política de 1847

"Es preciso persuadirse de que la Constitución debe tener un origen, no en las teorías de una libertad exótica y mal cultivada en nuestro suelo, sino en la constitución y organización de los pueblos. En una palabra, hija legítima de las entrañas de la sociedad y no espúrea o adoptiva, debe ser la ley que fundamente el edificio social". -González Víquez, Cleto, o. c. p333.-

El espíritu de los textos precitados apunta a los dos cimientos angulares del liberalismo espontáneo: 1) "la unión que as distingue y la paz que os caracteriza" y 2) Una promoción de la libertad "hija legítima de las entrañas de la sociedad y no espúrea o adoptiva"

Las ideas liberales venían sufriendo, en el mundo y en América, un proceso de concreción política, precedido de la acción revolucionaria en que las armas, el tumulto y la sangre cultivaban el resentimiento y el odio. Dejaron traumas que levantaban barreras divisorias entre grupos, convertidos en enemigos irreconciliables. Así aconteció en Centroamérica. Aquellas grietas siguen hoy, en la plenitud del siglo XX, abiertas como entonces, bajo formas nuevas de la estructura política y social. Pero en Costa Rica el mensaje libertario se recibió como un hecho consumado, cuando

> **"actos oficiales, pues, de naturaleza dura o de carácter despótico no habían despertado en la Colonia el menor deseo de sacudir el yugo de la dominación española, que para los costarricenses resultaba, si no de provecho y estímulo, por lo menos suave y llevadero, - ni el menor propósito o siquiera leve pensamiento de asumir una actitud de rebeldía".** -Ídem. p.19.-

El afecto y la inteligencia, tan separados con frecuencia, respondieron al unísono para suscitar una "voluntad generar auténtica, espontánea, sin sombras de violencia. Tal disposición psicológico-social obró el prodigioso parto de la Independencia, sin dolor, y el desarrollo institucional de que se ufanan los costarricenses. Aquel liberalismo, manantial de la generación procera, constituyó la fuente en que se **"abrevaron los constructores de la Patria"**.-Revista de Costa Rica (1921), p. 6. De cierto modo podría decirse que los años de 1821-1824 **"fueron testigos de la fundación de la República"**.- Ídem. p. lo. - Si bien es cierto que la mayoría de los hombres del primer trienio independiente eran apenas iniciados en los ritos del liberalismo político, su fe rubicunda imprimió

> **"el sello de la nobleza-** por supuesto, no de la

> sangre- **de austera probidad, de honradez inmaculada, que hacen de los primeros años de nuestra vida independiente el arca santa de nuestras más preciadas tradiciones”.** -Ídem. p.10.

Mas ahí estaba Osejo, no solo un activista republicano, fanático en su credo, federalista por principio, pero, como Carrillo, separatista ante la desastrosa práctica política centroamericana. Osejo fue un doctrinario, coarquitecto del edificio constitucional del Estado costarricense. Con Rafael Francisco Osejo hay que contar a otros varones de pensamiento republicano; ellos echaron gruesos fardos de arena sobre la tierra virgen donde se levantaba la arquitectura nacional. Ahí estaban: el Presbítero José Francisco de Peralta, Jefe del Partido Federalista, quien

> **"profesó un verdadero culto al ideal de la Federación Centroamericana”**

y luego un fiel morazanista, Joaquín Bernardo Calvo, preclaro discípulo de Osejo, para quien

> **"la frivolidad y las grandes concepciones no se alían en una misma cabeza”.** -Ídem p.48.

José Joaquín de Iglesias, cauto y enérgico, quien asimilaba las lecciones recientes de la historia, como si estuviera mirando su reflejo en el cielo del futuro centroamericano. El evocaba entonces a

> **"Robespierre, muy ufano, rodeado de cadáveres de inocentes, pisando la sangre de sus antagonistas y revestido con el título de sacerdote supremo de razón, tuvo que dejar**

repentinamente el incensario en el altar y ara de esta diosa, para subir al patíbulo en manos de sus mismos amigos y cooperadores". -Ídem. p. 47.-

También estaban Manuel García Escalante y su hijo Rafael, ascendido luego (1826-27) a Coronel por su valor mostrado en San Antonio y en Milingo, al mando de la tropa costarricense solicitada por el Presidente de la República Federal, don Manuel José Arce. Todas estas personas actuaron de consuno, al lado de muchas más, para dotar a Costa Rica de su basamento nacional. Ellas no pueden relegarse al olvido de las generaciones actuales. No obstante el radicalismo de Osejo, el documento fundacional del Estado y luego de la República, emergió con las aristas lisas del liberalismo espontáneo. Osejo fue también padre de esta creatura, la miró tranquilo, muy satisfecho de ella. Él pudo manifestar:

"Costa Rica ha sido censurada, es verdad, por esa especie de independencia o de indiferencia con que ha visto hasta aquí el resto de la República (Federal); pero lo cierto y ciertísimo es que al favor de esta apatía o indolencia tan ridiculizada, ha sido y es el consuelo de nuestros vecinos afligidos: no ha corrido nuestra sangre: no han sido depredados nuestros intereses; ni la casada lloró su soledad y amargura, ni el anciano padre lamentó las desgracias de su cara familia, ni el niño gimió su orfandad".Ídem. p. 47.- Y Osejo era un liberal.

POTESTAD DE LOS PODERES

En orden a las ideas políticas del liberalismo, inclinadas a combatir toda proclividad al ejercicio de un poder indiviso, es útil examinar la evolución del sistema de poderes y las fases de su involución, en el curso del primer siglo de vida política nacional.

El Pacto Social Fundamental Interino de la Provincia de Costa Rica estableció, con prominencia, un cuerpo ejecutivo o

> **"Junta de Gobierno provisional, compuesta de siete vocales elegidos popularmente"(art. 8).**

De su Seno

> **"se nombrará un Presidente, un vice-Presidente y un Secretario" (art. 19)**

Así se constituyó la primera JUNTA SUPERIOR GUBERNATIVA de la Provincia liberada. Reunía en ella toda la autoridad, excepto en el campo de lo judicial (art. 24). El Primer Estatuto Político de la provincia, del 17 de marzo de 1823, art. 13, disponía que

> **"El Gobierno de Costa Rica consiste en una Junta de tres miembros que se llamará DIPUTACIÓN DE COSTA RICA".**

Como se ve, se trata de un poder ejecutivo colegiado, quizá menos expuesto a concentrar el poder en una sola persona. Esa DIPUTACIÓN debía observar el Reglamento Interior del CONGRES0 (art.34). Y según el art. 35,

> **"tendrá a la vista la Constitución y las Leyes vigentes, en sus operaciones y muy especialmente las decisiones del actual Congreso (...)".**

El SEGUNDO ESTATUTO POLÍTICO, del 16 de mayo de 1823, devolvía al Poder Ejecutivo la nominación consignada en el Pacto de Concordia, o sea, JUNTA SUPERIOR GUBERNATIVA, compuesta de cinco miembros, con tres propietarios entre los cuales se distribuían las jurisdicciones política, militar y de hacienda (artículos 14 y 23). Ambos estatutos establecían las mismas restricciones a la potestad del cuerpo Ejecutivo e iban configurando la interdependencia de poderes: Ejecutivo y Legislativo, en la orientación constitucional que ha definido, a la postre, la República de Costa Rica.

El Pacto de Concordia establecía plena responsabilidad del Gobierno por sus actos ante los ciudadanos, quienes podían hacer uso legítimo del recurso de acusación popular, por abusos que pudieran cometer los funcionarios del Gobierno en el ejercicio de sus funciones. Por lo demás, y pese a las grandes reservas mostradas por los iniciados en el liberalismo, acerca de los peligros de cualquier forma de gobierno absolutista, el Pacto de Concordia ponía en manos del cuerpo Ejecutivo, la Junta Superior Gubernativa, los asuntos del gobierne o provisional, prácticamente aún sin el contrapeso de una asamblea. Se trataba de una providencia para una situación transitoria y de una especie de Gobierno Colegiado que, por su integración, inspiraba la confianza de todos. Habría sido riesgoso, si no se hubiese contado entonces con ciudadanos solo interesados en la empresa común la estructura organizativa garante de la Concordia nacional. Aquella era una faena de epopeya cívica; por fortuna, en esta sementera bendita no germinó la cizaña de la ambición porque, además, no existía el objeto codiciable: la riqueza material. Había que ofrecerlo todo y no esperar retribución alguna.

Los dos Estatutos Políticos, siguiendo la línea del Pacto de Concordia, contenían remedios oportunos para viabilizar el ejercicio de la Junta Superior Gubernativa, aun dada la gran amplitud de su jurisdicción. Los años de 1824 y 1825 corresponden a un cambio significativo en el aspecto estructural de los poderes, consecuencia de la Constitución Federal, del 22 de noviembre de 1824. Al referirse a esta Constitución, el Dr. Montúfar indicaba una sensible deficiencia: haber establecido una Cámara todopoderosa, sólo condicionada por el veto del Senado que, a la larga, resultaba ineficaz. A juicio del señor Montúfar el sistema federativo, basado en la igualdad representativa de los estados, o sea, El Senado, adolecía de una falla fundamental: El Congreso, al recibir el veto por parte del configurando la interdependencia de poderes: Ejecutivo y Legislativo, en la orientación constitucional que ha definido, a la postre, la República de Costa Rica.

El Pacto de Concordia establecía plena responsabilidad del Gobierno por sus actos ante los ciudadanos, quienes podían hacer uso legítimo del recurso de acusación popular, por abusos que pudieran cometer los funcionarios del Gobierno en el ejercicio de sus funciones. Por lo demás, y pese a las grandes reservas mostradas por los iniciados en el liberalismo, acerca de los peligros de cualquier forma de gobierno absolutista, el Pacto de Concordia ponía en manos del cuerpo Ejecutivo, la Junta Superior Gubernativa, los asuntos del gobierne o provisional, prácticamente aún sin el contrapeso de una asamblea. Se trataba de una providencia para una situación transitoria y de una especie de Gobierno Colegiado que, por su integración, inspiraba la confianza de todos. Habría sido riesgoso, si no se hubiese contado entonces con ciudadanos solo interesados en la empresa común la estructura organizativa garante de la Concordia nacional. Aquella era una faena de epopeya cívica; por fortuna, en esta sementera bendita no germinó la cizaña de la ambición porque, además, no existía el objeto codiciable: la riqueza material. Había que ofrecerlo todo y no esperar retribución alguna.

Los dos Estatutos Políticos, siguiendo la línea del Pacto de Concordia, contenían remedios oportunos para viabilizar el ejercicio de la Junta Superior Gubernativa, aun dada la gran amplitud de su jurisdicción. Los años de 1824 y 1825 corresponden a un cambio significativo en el aspecto estructural de los poderes, consecuencia de la Constitución Federal, del 22 de noviembre de 1824. Al referirse a esta Constitución, el Dr. Montúfar indicaba una sensible deficiencia: haber establecido una Cámara todopoderosa, sólo condicionada por el veto del Senado que, a la larga, resultaba ineficaz. A juicio del señor Montúfar el sistema federativo, basado en la igualdad representativa de los estados, o sea, El Senado, adolecía de una falla fundamental: El Congreso, al recibir el veto por parte del Senado, podía resellar el acuerdo en cuestión y así darle **"fuerza obligatoria"**. -Montúfar, Lorenzo. o. c. pp.7, 8 y 9.- Ya se ha señalado en el estudio presente, la grave debilidad que, en el orden constitucional, afectó a la República Centroamericana y que se hallaba en la disminuida potestad del Ejecutivo. Repítase cuanto sea necesario, que el defecto apuntado tiene su origen en el celo puntilloso de los liberales por mantener a salvo el sistema democrático, en perenne vigilia ante los más leves asomos del absolutismo. Lorenzo Montúfar advertía que con esa previsión constitucional se inutilizaba la función del Senado y se buscaba la prepotencia de Guatemala, el Estado con derecho al mayor número de diputados en el Congreso. La falla se abultaba con el énfasis puesto en la fiscalía del pueblo sobre la conducta pública de los funcionarios. El recurso del ciudadano era expedito en cualquier caso de actos públicos lesivos de su derecho (artículos 142, 143, 144 y siguientes). El ciudadano, en doctrina, era por excelencia el sujeto de los derechos. El Estado se encargaba de garantizar este sagrado fuero individual. Esa sensibilidad del Constituyente, sana si hubiesen previsto todos sus alcances, presumía la hipertrofia del poder civil en perjuicio de los individuos, de los ciudadanos. Pero el Poder Legislativo, dada su naturaleza representativa, asumía las funciones contraloras sobre el Poder Ejecutivo. Es sabido que la Constitución Federal establecía dos cámaras la Cámara de Diputados o Congreso y el Senado; este último lo integraban dos representantes de cada uno de los estados federados. Para cada estado regía: el Congreso (del Estado) y el Consejo Representativo (correspondiente al Senado Federal).

La Ley Fundamental del Estado libre de Costa Rica, del 25 de enero de 1825, siguió el modelo estructural de la República Centroamericana. El artículo 24 instituía

> **"el Poder Supremo del Estado (que) estará siempre dividido en Legislativo, Ejecutivo, Judicial y Conservador".**

Es interesante la valoración explícita que la Ley Fundamental confería al Consejo de Representantes, esto es, al Senado. Este era el PODER CONSERVADOR, separado del Legislativo (Cap. VII). A sus miembros, elegidos por el pueblo, se les denominaba

"Consejeros". Este Poder responde perfectamente a la doctrina del Poder Federativo que Locke ubicaba en el piano inmediato al Poder Legislativo, con jurisdicción sobre la materia de la guerra y de la par. Locke, John, o. c. pp 1 11-4 12. Y al adoptarse en Costa Rica dichas funciones, articulo 68 de la Ley Fundamental del Estado, se constituye el Poder Conservador en un verdadero poder regulador, al que la Constitución Federal, en desmedro del equilibrio de fuerzas en la Unión, despojo de su auténtica eficacia, según el criterio aludido expuesto por el Dr. Montufar. Se concibió en Guatemala, como en Costa Rica, la idea de un poder ejecutivo con potestad restringida, lo cual le inhibiría para cumplir holgadamente con las obligaciones elementales de la administración, entre otras importantes, el nombramiento y la remoción del personal. Por otra parte se mantenía, para salud de las libertades, tan caras al liberalismo, tanto en el Pacto de Concordia como en la Constitución Federal, el recurso de acusación popular.

Las garantías individuales constituían el principal contenido en aquella axiología constitucionalista. Bien clara se hace ahora la consecuencia de esos principios liberales sustentados en Europa con celo pudoroso por ideólogos como Constant:

> **"Dese a los depositarios de la autoridad ejecutiva el poder de atentar a la libertad individual y se aniquilarán todas las garantías, que son la primera condición y el único fin de la reunión de los hombres bajo el imperio de las "leyes".** Constant Benjamín, o. c. p.160

Es patente el temor grave que abrigaban las más fecundas mentalidades europeas ante los primeros ensayos de realización democrática. La libertad individual corría sus riesgos. Ya se ha señalado el tópico en la filosofía de Stuart Mill; también en el pensamiento político de Proudhon y, llevado a sus extremos, en las ideas de Sumer y de los anarquistas. El idealismo del siglo precedente había dejado una herencia copiosa. Proudhon, al referirse al contrato federativo; dice de este, que

> **"es esencialmente restringido, a pesar de los grandes intereses que constituyen su objeto. La autoridad encargada de su ejecución (del poder) no puede en ningún tiempo prevalecer sobre los que la han creado; quiero decir que las atribuciones federales no pueden exceder jamás en realidad ni en número las de las autoridades municipales o provinciales, así como las de éstas no pueden tampoco ser más que los derechos y las prerrogativas del hombre y del ciudadano"** Proudhon Pibe Joseph, o. c. pp. 65-66.

El individuo, el ciudadano, era el centro del universo político alrededor del cual debían girar todas las estructuras; el individuo, medida del nuevo derecho constitucional, se movía inmerso en el pueblo, en el "soberano", manteniendo su unicidad irreductible. En el Poder Legislativo se concretaba la tutela de los derechos individuales. Este poder era el vocero del pueblo, en defensa de los bienes cuyo disfrute el sistema le garantizaba. He aquí esta línea de pensamiento vaciada en el articulado de la Constitución Política de 1844, Título 1, artículo 4°

> **"Para garantizar los derechos individuales y por su mantenimiento conservar el orden social que no es, ni puede ser otra cosa que la efectiva conservación de aquellos derechos".**

Juan Mora Fernández y José Rafael de Gallegos ejercieron la Jefatura del Estado, con suerte diversa, bajo las condiciones restrictivas contenidas en la Ley Fundamental del Estado, de 1825. Mora Fernández asumió la Jefatura el 8 de setiembre de 1824 y en 1828 fue reelecto para un segundo período que concluyó normalmente en 1833. A pesar del estrecho marco de poder, que le ocasionó dificultades, don Juan Mora realizó una función eficaz, de progreso, gracias a sus prendas psicológicas y morales, a la general simpatía que el pueblo le profesaba y a la colaboración que todos le brindaron. Él era un hombre de pro, nacido para cultivar la estimación entre todos quienes lo rodeaban. Aquel fue un período de sosiego durante el cual las brasas que ardieron en el año 23 casi habían logrado apagarse desde Guatemala llegaban los ecos del elogio merecido por el gobernante costarricense.

Expiró el segundo período del señor Mora Fernández; la Ley Fundamental no permitía la reelección para otro período. Y a él ni siquiera se le ocurrió idea semejante. El historiador González Víquez llama con énfasis la atención de sus lectores sobre las virtudes cívicas de aquellas generaciones de costarricenses y la situación que pudo propiciar esa especie de *Areté* nacional. Él dice:

> **"No valga suponer siquiera que en aquella época de patriarcas, en que el Gobierno se recibía como un gravamen, influyese el poder en las elecciones y lograse con torpes medios torcer la voluntad popular que entonces el país era pobre, las gentes enteras, los funcionarios rectos, y el poder ni contaba con suficientes elementos para amedrentar, ni disponía de recursos pecuniarios, para corromper a los sufragantes".**-González Víquez, Cleto. o.c.p.32.

Para suceder a Don Juan Mora en la Jefatura del Estado fue nombrado el señor José Rafael de Gallegos. Las elecciones soplaron como un fuelle sobre las cenizas del año 21 y contribuyeron al encendido de una hoguera que consumió la tranquilidad del señor Gallegos, provocó luego su dimisión y condujo a la Guerra de la Liga. El proceso histórico tomó un ritmo de celeridad tal, que puso la concordia al borde de la vacilación. Entonces acontecieron: la conclusión prematura del gobierno de Gallegos, el nombramiento de Braulio Carrillo para que ejerciera la Magistratura durante el resto del período (hasta 1837), la Guerra de la Liga, la elección de don Manuel Aguilar como Jefe del estado, el golpe que lo depuso, el ascenso de nuevo al poder por el señor Carrillo, esta vez de hecho, la promulgación de la Ley de Bases y Garantías, la invasión triunfante de Morarán y, tras un brevísimo lapso, su desenlace dramático.

La honradez y magnanimidad de Gallegos no fueron prendas suficientes para disponerlo a proceder como era necesario, a fin de conjurar la discordia localista, nutrida de resentimiento, y disconformidad, suscitados por el famoso **"voto terrabano"**. Es necesario reconocer que el sustento jurídico de su autoridad era endeble, no precisamente por las circunstancias que rodearon su elección, sino por la menguada fortaleza del Poder Ejecutivo, de orden constitucional congénito, porque se lo indujo la Constitución Federal.

Ocurrió entonces lo que recién ha escrito un filósofo francés

> **"El liberalismo, porque desconfiaba de los hombres, les distribuía parsimoniosamente la capacidad de actuación".-** Aron, Raymond. Ensayo sobre la Libertades (1965) p.65.-

Esa fue la debilidad del sistema que señalaba el Ministro Francisco María Oreamuno, en su Mensaje a la Asamblea Nacional, del 20 de abril de 1838, en el cual se lee:

> **"Menos se designaron con precisión y claridad -en la Constitución Federal- los límites de las atribuciones de los poderes, dando lugar así al traspaso de los naturales de su creación. Esta omisión ha hecho que los Congresos y las Asambleas se consideren soberanos absolutos; que los Ejecutivos necesiten estar la mayor parte del año facultados extraordinariamente".** -Obregón Loría, Rafael, Costa Rica en la Federación, pp. 135-136.-

Fernández Guardia se ha referido a ese mismo tiempo, al señor Gallegos y, por ende, al desequilibrio de los Poderes, de la manera siguiente:

> **"(...) La Asamblea había dado licencia al Jefe Gallegos para que fuese el 24 de diciembre a San José y después a Cartago (...) Al buen señor lo tenían sometido los diputados a una rigurosa disciplina".** - Fernández Guardias. Morazán en Costa Rica (1943), p. 11. [19]

Esa era la situación; más para neutralizar, en algún grado al menos, esta falla tan sensible, no contaba Gallegos con una personalidad firme y decidida. Él era demasiado sensible y, además, desconfiado de sus propias capacidades. Lo manifestaba sin rodeos en el texto de su renuncia dirigida al Congreso el primero de marzo de 1835.

[19] Por virtud de las Leyes de La Ambulancia, el Ejecutivo residía entonces en Alajuela.

Entonces, como es fácilmente comprensible no se apreció el motivo verdadero de la actitud la naturaleza de su personalidad. Así, la Comisión del Congreso, dos días después presentó el Dictamen con su Proyecto de Resolución. En este documento se recomendaba aceptar la renuncia, pero agregaba, atribuido al señor Gallegos, el cargo de **“ambicioso"**. El calificativo era gratuito e injusto y probablemente se originaba en los sentimientos adversos que podrían haber surgido ante presuntos manejos, por parte del señor Gallegos, en el **"voto terrabano"**. El Congreso, en el ejercicio de sus amplias atribuciones, dejo partir al Jefe del Estado, entre sones de culpabilidad que le eran completamente ajenos. Dimitió don José Rafael y seguidamente el Congreso descalific6 el proceso electoral que había culminado en su nombramiento.

Lo acontecido a don José Rafael de Gallegos constituye una demostración de los efectos producidos por las limitaciones constitucionales del Poder Ejecutivo. La incipiente opinión pública, presuntamente legitimada por el sentir del pueblo y manifiesta por media de LA TERTULIA, hizo sentir, junto a las resonancias del Parlamento, la preeminencia que le confería el sistema político liberal sustentado en la Ley Fundamental del Estado.

Vino luego el ajetreo electoral cuyo resultado de la escogencia del Lic. Braulio Carrillo. Fue la victoria de los electores de San Josh. San José había salido triunfante y derrotada Cartago, de las escaramuzas de 1823. Carrillo, en contraste con Gallegos, era un hombre que desbordaba en acción y en ejecutividad. El representaba para el pueblo josefino un apoyo a sus aspiraciones de capitalidad. San José tuvo la razón y esta fue determinante: el 2 de setiembre de 1835 se promulgó el Decreto que fijaba la Capital de Costa Rica en el Murciélago. Carrillo abolió la Ley de la Ambulancia, obra del espíritu temeroso, conciliador, del señor Gallegos y, según Fernández Guardia, instrumento de los cartagineses para recuperar la captal. En adelante,

> **"La oposición, siempre irónica y burlona contra Gallegos, cambió de tono para hacerse muy agresiva y violenta contra Carrillo. A la risa sucedió la cólera".** - Fernández Guardia, Ricardo. La guerra de la Liga y la Invasión de Quijano (1934), p. 14

Braulio Carrillo tomó posesión de la Jefatura del Estado el 5 de mayo de 1835. Luego la Asamblea tomo acuerdos progresistas muy calificados por su inconfundible filiación liberal, aunque laxos si se les compara con disposiciones más fuertes tomadas por gobiernos de Guatemala, como el General Francisco Morazán, García Granados y Justo Rufino Barrios. Carrillo dio inmediatamente muestras de su influencia en un poder legislativo de textura liberal que había abolido el diezmo. Como advertencia tempranera de un estilo de gobierno resoluto, coadyuvó en la formulación de los decretos y decidió su promulgación: suprimió los días festivos que eran, como es obvio, gratos al sentimiento religioso del pueblo. Además, prohibió las procesiones fuera de los templos. Si es cierto que en el Congreso dominaba el espíritu liberal, más cierto es aun el temple de mando que Carrillo mostró en todos los momentos de su gobierno. No obstante la crudeza de los decretos aludidos, según el juicio del Lic. González Víquez, solo pudieron ser factores secundarios de los acontecimientos militares que vinieron luego. Lo determinante, según don Cleto, fue la derogatoria de La Ambulancia, decretada el 2 de setiembre de 1835.- González Víquez, Cleto, o.c.p.73. Lo religioso no alcanzó, en las gentes, el grado suficiente para motivar el enardecimiento que favoreció el levantamiento. Fernández Guardia sustentaba la tesis de que, en la gestación del movimiento revolucionario. Pesó mucho más su causa encubierta: los esfuerzos de los cartagineses por recuperar la sede permanente de la Capital. Además, en forma concomitante y embozada, funcionó entonces la derogatoria de la Ambulancia, instrumento supuestamente manejado por los cartagineses para obtener de nuevo la capitalidad otrora arrebatada. La Ambulancia fue promulgada por don José Rafael de Gallegos, producto de dos leyes consecutivas que aprobó el Congreso, respectivamente el 15 de marzo y el 27 de mayo de 1834. La tesis de González Víquez, compartida por Hernán G. Peralta, coincide parcialmente con la de Fernández Guardia. Este último recoge el texto de un mensaje enviado por el Ministro General de Carrillo, el señor Anselmo Sancho, al Comandante don José Ángel Soto, en cual se lee:

> **"¿Se oculta a usted que un deseo de venganza nacido en Cartago por lostriunfantes de la libertad del año 23 organizado esa revolución propagada y sostenida, con pretexto de religión calumnias y falsedades indignas de Costa Rica?"-** Fernández Guardia, Ricardo, o.c.p.36.

Es cierto que las disposiciones de Carrillo relativas a la práctica religiosa del pueblo habían provocado reacción; pero la orientación hacia esa modalidad de pensamiento político inherente a las doctrinas del día, se había iniciado, en forma tenue en los mismos días de la Independencia. El despojo de la Capital si había calado hondo en el sentimiento de los cartagineses. El trauma salió a flote en 1835, cabalgando sobre los intereses localistas, entonces con el enrolamiento de Alajuela, provincia que cambió de posición respecto de la que había tomado en 1823. Carrillo tuvo que enfrentarse a las tres ciudades de la Liga, una vez agotados todos sus esfuerzos persuasivos. Pudo salir airoso de la confrontación, porque concurrieron factores a su favor: 1) un Congreso dominado por las ideas liberales, 2) La Municipalidad y el pueblo de San José actuando de consuno, adheridos al espíritu sustentado por quien ejercía la Primera. Magistratura; 3) una personalidad de gobernante que infundía, en el pueblo josefino y en los soldados, confianza y seguridad. Demostrada la necesidad de la defensa, cuando los recursos de la persuasión habían fracasado, sin titubeos echó mano a las armas, sin ánimo de venganza y mucho menos de crueldad. Si no hubiesen entrado en juego los factores aludidos, Carrillo podría haber fracasado en la guerra de La Liga, si se toma en cuenta que las potestades del Ejecutivo padecían una erosión congénita.

El 31 de marzo de 1837, por acuerdo de la Asamblea, Carrillo cesó en sus funciones. Lo sustituyó don Joaquín Mora Fernández, miembro del Poder Conservador quien ejercería el Poder Ejecutivo mientras se procedía a nuevas elecciones. Realizadas éstas, salió electo el Lic. Manuel Aguilar. Aguilar asumió el Poder el 17 de abril de 1837, asistido por el vice-Jefe, don Juan Mora Fernández. El 27 de mayo de 1838 fue depuesto Aguilar como resultado del golpe consumado por los militares. Ese mismo día fue llamado el Lic. Braulio Carrillo para que ocupara la Jefatura del Estado. Se alegó que Carrillo había sido el verdadero candidato triunfante cuando la Asamblea declaró electo a don Manuel Aguilar. El Licenciado González Víquez tenía por demostrada la ilegitimidad de tal justificación. Don Cleto expresó un juicio que ha devenido axiomático en la historia de Costa Rica:

> **"El pronunciamiento del 27, -primero de esos escándalos que presenciaba el país y que por desgracia había de repetirse tanto en lo futuro- fue un acto de rebelión y de fuerza contra las instituciones y un primero y funesto ejemplo de inmoralidad política".** - González

Víquez, Cleto, o. c. pp.70-71.

El alzamiento del 27 de mayo hizo escuela en el país, como lo manifestó don Cleto con plena razón. No obstante, la prudencia conduce a escudriñar los elementos que gravitaban en tal acontecimiento: al Jefe del Estado se le había convertido en objeto de ironía (Gallegos), se le había atacado con fiereza utilizando los nuevos recursos de la prensa. Pero hasta ese 27 de mayo no se le había depuesto. Y esto fue falta gravísima en lo que atañe a la conducta de los grupos políticos, pues convirtió en admisible el recurso a los derrocamientos violentos: cuartelazos y golpes de estado. Hasta entonces se mantenía virgen la conducta cívica del pueblo, sin esa clase de mácula. Si Carrillo tuvo alguna participación en el pronunciamiento militar, no se ha esclarecido aún. Más si se juzga por las cualidades de su personalidad, hoy un tanto redimida, la firme devoción a la veracidad de su palabra, se hace verosímil que hubiese estado al margen, como él mismo lo declara en su mensaje dirigido al pueblo, de Costa Rica y al Ministro General de Morazán, desde su exilio.

Del modo ya conocido sucedió Carrillo, en el poder, al Lic. Aguilar. Antes había sucedido, bajo condiciones normales, al Lic. Gallegos. Aguilar y Gallegos tenían un temperamento similar, ambos eran remisos a la toma de decisiones en algún modo riesgosas. Para los dos varones mencionados era ominoso el ejercicio del poder, de la autoridad que se sustenta en razones precisas y se realiza en determinaciones enérgicas y oportunas. Esto se colige incluso de sus propias declaraciones. En el fondo, Gallegos y Aguilar respondían mejor a los lineamientos constitucionales de un poder ejecutivo de potestades disminuidas y, en consecuencia, satisfacían las exigencias de una obsesión liberal por reivindicar a los pueblos.

Esa era la situación que prevalecía cuando llegó Carrillo al Poder en ambas oportunidades (1833 y 1837). Le favorecieron; para realizar una obra de verdadero progreso, su voluntad decidida y la seguridad que tuvo en la sustentación práctica de sus ideas. Pero la cuestión era de orden institucional, no personal. Carrillo se percató del problema; él tenía conciencia del contraste entre lo que se debla hacer y lo que permitía el sistema dentro del cual se desenvolvía. Buscó una fórmula y la encontró, aunque no fuese la mejor. Lo que Importa al estudioso es la existencia profunda del problema histórico que pudo generar los acontecimientos.

LA LEY DE BASES Y GARANTÍAS

El acto principal del drama Político se abrió con la promulgación de la Ley de Bases y Garantías, del 8 de marzo de 1841. El Lic. Hernán Peralta no ha encontrado escuela constitucionalista en la cual ubicar este documento jurídico tan dislocado. Si no tuviere filiación constitucionalista, al menos se lo puede ponderar recurriendo a la comparación filosófica, a la identificación de móviles más allá de los apuntados y condenados por la Asamblea, al iniciarse el gobierno del General Morazán. A los conceptos emitidos por esa Asamblea, empapados en revanchismo entonces explicable, se debe la tradición tenebrosa anticarrillista que, primero Francisco María Iglesias y luego Ricardo Fernández Guardia contribuyeron a rectificar.

El Lic. González Víquez advierte que:

> **"el acta de pronunciamiento por su artículo 4°, declaró reconocer a la Asamblea y Consejo".** *Ídem. p.76.*

Es oportuno reparar en que el recurso al desconocimiento parcial del Gobierno no fue ideado por Carrillo, sino por sus adversarios en el año 35. Solo que en esa oportunidad el procedimiento no pudo culminar. La Asamblea y el Consejo, parte funcional éste último del Poder Ejecutivo, pero enclavado en los dominios legislativos, permitieron una cierta continuidad sin solución. Además, ellos llamarían a una Asamblea Constituyente y todo, de allí en adelante, continuaría su marcha. La Asamblea reconoció a Carrillo como Jefe Supremo y **"llamó a elecciones para integrar la Asamblea Constituyente".**

Esta celebró su sesión inaugural el 1 de noviembre, nombró la comisión que se encargada de redactar el Proyecto de Constitución y se declaró en receso hasta que fuera concluido el Proyecto por la Comisión. En la espera se detuvo el proceso iniciado. Entre tanto, en marzo de 1841 el Lic. Carrillo promulgó, sin más, la Ley de Bases y Garantías.

Dejando aparte, por muy comentado, el extremo contenido en el artículo 4°, inc. 2 del documento susodicho, sobre la inamovilidad del Primer Jefe, conviene examinar otros aspectos afines: el Poder Supremo quedaba reducido al Primer Jefe. Funcionaba también una Cámara Consultiva, trasunto del Poder Conservador, pero sin poder, constituida por sendos representantes de los Cinco departamentos en que se dividió el territorio del Estado. Esa Cámara Consultiva era una derivación del Senado Federal, más en la Ley de Bases y Garantías, el Primer Jefe era su "Presidente Nato". Claro que Carrillo, fiel al principio proclamado con reiteración, de la ineludible funcionalidad de un Poder Judicial idóneo, esto ese "La Cámara de Justicia", artículo 4°, inc. 4.

Debe llamar la atención de los estudiosos la instauración del Senado o Cámara Consultiva, presidida por el Primer Jefe. Aunque esta cámara tenía una capitis diminutio muy sui generis, quedaba como reducto del Cuerpo Legislativo y debía ser integrada por miembros de elección popular. No obstante que el segundo plano del poder, en el orden descendente, correspondía a este cuerpo, sus atribuciones se limitaban casi solo a la cuestión electoral, para llenar las plazas de Segundo Jefe, de los integrantes de la misma cámara y de la Cámara de Justicia, como instancia única de recursos electorales. Además, durante sus dos breves períodos anuales de sesiones, oía lo expuesto por su Presidente, el Primer Jefe del Estado.

HURGANDO EN SUS MOTIVACIONES

El Lic. Carrillo había vivido con preocupación indubitable, en sus mismas carnes, la limitación constitucional de la potestad del Poder Ejecutivo, reducida a la expresión mínima, frente a un poder legislativo hiperpotente. Desde los ángulos críticos que hoy permiten llegar a una valoración más objetiva de aquel interesante rincón de la historia nacional, puede afirmarse, sin mayor margen de error, que Carrillo habría querido poner coto al problema, impulsado por sus convicciones patrióticas, para salvar al pueblo costarricense de la suerte indeseable que entonces corrían las naciones centroamericanas. Pudo haber considerado necesario garantizar el orden y templar el espíritu de su pueblo, para disponerlo a progresar, como en verdad se aprecia que lo hizo. Al haber obtenido la declaratoria como Primer Jefe, creyó imperativo -ahí estuvo su error- mantener en forma vitalicia dicha calidad, para dedicar su vida a la construcción de la Patria. Los azares de la elección ya no lo afectarían y podría realizar holgadamente una obra magna mientras sus fuerzas se lo permitieran. Pero con esto se había roto el esternón liberal, al menos en doctrina, aunque la materia no hubiese sido alterada. Ese desvío formal de tanto bulto inscrito en la Ley de Bases y Garantías, hoy resulta al menos explicable, ante aquel desequilibrio de los poderes, ante el espectáculo político de América Central y ante el conocimiento que actualmente se tiene de los atributos personales del Lic. Carrillo.

La garantía de irresponsabilidad del Primer

Jefe, que lo sustraía incluso de la "acusación popular", recurso inexistente en la nueva Ley, puede hallar sus buenas raíces doctrinarias, aunque no se haya intentado descubrirlas. Váyase al pensamiento de Locke, filósofo del liberalismo inglés. Él escribe que

> **"Existen algunas comunidades políticas en que el Poder Legislativo no funciona de manera permanente** *-el caso de Costa Rica bajo el régimen de la Ley de Bases y Garantías-* **y el Ejecutivo está delegado en una sola persona que participa también en el Poder Legislativo".**

Más adelante escribe el mismo autor:

> **"El poder ejecutivo que está confiado a una persona que no participación en el legislativo se halla subordinado claramente a este último y es responsable ante él, pudiendo ser transferido y desplazado a voluntad. No es, pues, el poder ejecutivo supremo en general el que está exento de subordinación, sino el poder ejecutivo supremo confiado a una persona que participa en el poder legislativo y por ese motivo no tiene que someterse ni rendir cuenta a una autoridad** legislativa superior sino en la medida que el mismo quiera aceptarlo". - Locke, John. o. c. pp.114-.115.-

De los conceptos citados de Locke se puede colegir que los desvíos señalados en la Ley de Bases y Garantías, no estuvieron en la materia sino en la forma; que la "Constitución" de carrillo bien pudo haberse inspirado en la filosofía de J. Locke, pues no debe olvidarse que el autor de la Ley en cuestión tuvo también, en León, como Castro Madriz, sus maestros perfectamente informados del pensamiento del día.

El texto de Locke, precitado, halla su holgada comprensión en el sistema británico, en la Cámara de los Lores, sistema que, por un lado, dio lugar al primer experimento democrático, al más estable, y, por el otro, a la continuada vigencia de la Monarquía y de la nobleza, ambas derruidas entre los ríos de sangre que hizo correr la Revolución Francesa.

Si Carrillo ejerció un poder absoluto a la sombra de su ley, ello no implica su ignorancia de los principios democráticos ni su indiferencia ante ellos. Se trataba de que, por una parte había vivido la experiencia de gobierno bajo el régimen determinado por la Ley Fundamental del Estado, de 1825; por otra parte, estaban las ideas acerca de la potestad ejecutiva y sus variantes (Locke) que no podían ser un secreto para los cultos de la época, máxime si, como Carrillo, eran juristas. Así fue que Carrillo, Primer Jefe del estado, presidía la Cámara consultiva reunía en él toda la autoridad, excepto la judicial, y se le relevaba de toda responsabilidad ante el Poder Legislativo. Como se sabe, fue precaria la vigencia de la Ley de Bases y Garantías; cesó el 24 de agosto de 1842, fecha del decreto morazánico que la derogó.

En la historia costarricense, a Carrillo debe reconocérsele su historia pionera de robustecer la potestad del Ejecutivo, así como se le ha señalado, con toda razón, como el iniciador de la ruptura constitucional. El Lic. González Víquez ha mostrado su antipatía a la figura de Carrillo, no precisamente por su Ley de Bases y Garantías, sino por la supuesta participación suya en el pronunciamiento que derrocó al Lic. Manuel Aguilar.

LA IDEA PRINCIPAL DE CARRILLO, DESPUÉS DE CARRILLO

Cayó don Braulio Carrillo. Luego murió asesinado en El Salvador. Pero su idea ocupó, en grado prioritario, la vigilia de los hombres que luego descollaron en la escena política nacional. Al cabo de las incidencias derivadas del gobierno del General Morazán, el 13 de marzo de 1845, el Senador Rafael Moya, encargado del Poder Ejecutivo, se manifestaba de esta manera, ante la Cámara de representantes:

> **"El Ejecutivo, por otra parte, se encuentra reducido a la mayor nulidad pues ni de acuerdo con el Senado puede decretar el más pequeño gasto, ni remover el funcionario de menor categoría"**. *-González Víquez, Cleto, o. c. p.327,* [20]

Y la Comisión encargada de redactar el Proyecto de Constitución Política de 1847 de la que formaba parte el eminente Dr. Nazario Toledo, hacia importantísimas observaciones en el sentido del mensaje mencionado del señor Moya. Tales observaciones eran una crítica al sistema heredado de 1825 y coincidían, no solo con los términos en que se expresaba el Senador Moya, sino, más aún, con la preocupación del Lic. Braulio Carrillo,

[20] Fragmento del discurso pronunciado por el señor Moya ante la Cámara de Representantes

"(...) las lindas leyendas de garantías sociales quiméricas en Centro América de que han abundado nuestras constituciones, han servido en parte de escudo a las perversiones de un reactivo que ha descubierto la nulidad de los poderes públicos (...) hemos desconfiado de los cuerpos legislativos y de los ejecutivos y los hemos sobrepuesto un poder que revea sus obras (...) *-Ídem, p.322,* [21]

Nótese que el texto transcrito refleja la conciencia del problema que afronta la funcionalidad democrática en un desequilibrio de potestades y, por consecuencia, falla radical que inhibe la práctica de la interdependencia de los poderes. Este fue el problema que Carrillo quiso resolver, a su modo, por estimar que era el vicio culpable de la anarquía general experimentada en Centro América. La Comisión entró en razonamientos orientadores de la constitucionalidad, basados en la concreción de la doctrina, en aquellas circunstancias de tiempo y de espacio. De este modo, escribía la Comisión;

"Es preciso persuadirse que la Constitución debe tener un origen, no en las teorías de una libertad exótica y mal cultivada en nuestro suelo, sino en la constitución y organización de los pueblos. En una palabra, hija legítima de las entrañas de la sociedad y no espúrea o adoptiva, debe ser la ley que fundamente el edificio social". Ídem .p. 333.

En cuanto a la sobremedida del Parlamento y a la consiguiente restricción del Poder Ejecutivo, la Comisión advertía:

[21] Fragmento textual del dictamen de la Comisión

"Los vicios que todos han notado en la organización del Poder Legislativo, en parte dependieron de su omnipotencia (...) La Cámara de Senadores que en otro tiempo fue Cámara de Sanción y Consejo de Gobierno, fue después un poder de dos cabezas y una rueda innecesaria de la máquina social. Facultada del Poder Ejecutivo se legaron al Senado, con la idea de restringir los recursos de aquel poder". - Ídem. pp. 334-335.-

He aquí señalado con simplicidad, el fondo de las motivaciones que llevaron al Lic. Carrillo a tomar **"la alternativa de saltar las barreras".** [22]

Carrillo en realidad saltó las barreras, conmovió al Estado, exacerbó el sentimiento herido de sus adversarios; pero las generaciones políticas que transpusieron el medio siglo hallaron fórmulas para llenar el vacío constitucional en orden a las potestades del Poder Ejecutivo.

En las constituciones de 1847 y 1848 se aprecia el acercamiento a ciertos contornos, por tiempo relegados, del Pacto de Concordia. Era un movimiento cauteloso, tendente a nutrir de realismo y de criollismo el manantial de las leyes nacionales. Esa realidad, materia prima de la arquitectura constitucional, se le había ido de las manos al que pretendió estructurar la Patria Centroamericana. El paso hacia el fortalecimiento del Poder Ejecutivo, sin perjuicio de sus contrapesos jurídicos, consumió casi tres décadas que Concluyeron en 1871. El esquema secuencial del proceso es el siguiente: 1) La gestión de Carrillo. 2) La Constitución de 1847 que eliminó el Senado y creó la Comisión Permanente, cuerpo que funcionaba durante los recesos

[22] "Saltar las barreras" expresión contenida en el Dictamen

prolongados de la Asamblea. Sus miembros eran designados por el Jefe del Estado, quien, además, la Presidía, un tanto semejante al engarce consignado en la fenecida Ley de Bases y Garantías. El Senado reapareció en dos oportunidades posteriores: desde la Constitución de 1859 hasta 1871 y, ya en el siglo XX, en la Constitución de 1917. Desapareció en forma definitiva en 1919, con la derogatoria de la Constitución de 1917. Es necesario advertir que, en sus dos últimos períodos de vigencia, esta entidad no interfirió, el buen ejercicio del Poder Ejecutivo; solo que sí se identificaba con "una rueda innecesaria de la máquina social".

Durante los once años de vigencia de la Constitución de 1848, el Poder Ejecutivo presentó una fisonomía jurídica perfectamente ajustable a la idea del filósofo John Locke. 3) Al eliminarse el Senado por virtud de la Constitución de 1871 y constituirse la Comisión Permanente, ya sin la influencia directa del Poder Ejecutivo, bajo nexos que la ceñían al Poder Legislativo, se estableció un equilibrio entre los poderes, una verdadera interdependencia, mucho más coherente y próxima a la fórmula de un régimen democrático liberal. Entonces la autoridad del Presidente de la República se dibujaba con perfiles de responsabilidad personal; así se establecía el fundamento del presidencialismo claramente delineado que constituiría, en Costa Rica, su modalidad republicana, con las matizaciones sucesivas que bien valdrían una reflexión.

El texto del artículo 95 de la Constitución de 1871 establecía

> **"(...) un presidente, con carácter de Jefe de la Nación, (quien) ejercerá el Poder Ejecutivo".**

Como puede comprobarse, la tesis del robustecimiento de la potestad del Poder Ejecutivo, sin el menor perjuicio de la interdependencia, se consolidó en la Constitución de 1871, documento de corte eminentemente liberal, que rigió durante las tres décadas finales del siglo XIX y durante la primera mitad del siglo XX, con los cambios de profundidad introducidos en la década de los años cuarenta.

Valdría mucho la pena examinar la gestación y el desarrollo de las ideas políticas que, arrancando del siglo XIX, últimos tiempos, fueron tomando cuerpo hasta culminar en el giro constitucional experimentado en el período de 1940-1944, seguido del complemento histórico de actualización dado a raíz de la Constitución de 1949. Más parecería oportuno adelantar que el señalamiento de los recelos que despertaron, ya en los inicios del siglo XX, las posibilidades del abuso en el ejercicio de un poder ejecutivo personal por constitución fortalecido. Se vería entonces cómo, en 1905, el Partido Unión Democrática, que proclamaba principios nuevos, consignó, en su programa de gobierno, su recelo ante la centralización y el poder individual:

> **"Al endiosar a un individuo tiene como consecuencia la centralización, cuyos funestos resultados hemos podido todos palpar. La centralización, a su vez, lleva a la tiranía: el gobernante electo por las pasiones y no por la razón, se ve diariamente ensalzado, llega a creer que todo cuanto piensa es lo mejor y lo impone, hiriendo con frecuencia los intereses del país, disgustando por consiguiente a los ciudadanos y viéndose por fin obligado a pisotear la Constitución para mantenerse en el poder".** -Soto Valverde, Gustavo Adolfo, La Iglesia Costarricense y la Cuestión Social p. 264 [23]

[23] Fragmento transcrito por Gustavo Adolfo, del "Programa General del Partido la Unión Democrática .San José - Tipografía Lehman

Hechos de la experiencia política justificaban la preocupación del Partido Unión Democrática, como síntoma de un proceso lento e interrumpido que más tarde llegaría a su culminación. La empresa de por si delicada, de la democracia, ofrece como indicador el ejercicio equilibrado de los poderes, asistido por el pueblo en actitud de sana vigilancia.

RECAPITULACIÓN

En el país, la línea del liberalismo arrancó de la primera constitución política, EL PACTO DE CONCORDIA de 1821. Tomó una orientación universal doctrinaria, con la Ley Fundamental del Estado de 1825. Entró en crisis formal con el ascenso violento al poder por parte del señor Braulio Carrillo Colina, en 1838 y ordenó su ruta durante el tercer cuarto del siglo XIX. Personalidades como José Francisco Osejo y Manuel Aguilar, Máximo Jerez y Lorenzo Montúfar, liberales estos últimos de cepa centroamericana, cuyas ideas palpitaron esparcidas entre sus amigos y discípulos influyentes, calaron hondo en la estructura mental política costarricense durante todo el siglo XIX. Hicieron escuela liberal Osejo, Montúfar, Jerez, luego los hermanos Fernández Ferraz, especialmente don Valeriano, Antonio Zambrana; en resumen, europeos, centroamericanos y caribeños que llegaron al país henchidos de las nuevas ideas. Gobiernos que han sido estimados como "conservadores", tales los que encabezaron los señores Juan Rafael Mora y Tomás Guardia, albergaron en su seno deliberante y decisorio, a liberales conspicuos como Adolphe Marie, Montúfar y Jerez, al Lic. Bruno Carranza, al Dr. Nazario Toledo, etc.

La entrada de la imprenta en Costa Rica, desde los primeros años de la Independencia (1830) y el brote consiguiente de la prensa (el Noticioso Universal, por ejemplo) contribuyeron a la pronta difusión de las ideas entre los hombres cultos de la nación. La inmigración suramericana, junto a la centroamericana, a la europea y a la del Caribe, dejó su rastro en la vida cultural y política del país. Como parte de la obra traída de afuera y creada luego también por los inmigrantes en el territorio de la República, no puede dejarse de lado el influjo descollante de las Logias, en la motivación de la conducta intelectual de los grupos constitutivos del OLIMPO y del movimiento pensante y activista conocido como la REDACCION LIBERAL. En esta fase de la vida costarricense formó primera fila la generación ilustrada que sucedió en el gobierno al General Tomás Guardia El "espíritu del día", que alentó, en América entera la marcha del pensamiento político hacia el medio siglo (XIX), aceleró, en Costa Rica, la evolución que se produjo entre los años 1850 y 1880.

A la década de 1880 correspondió un crecimiento pronunciado de la institucionalidad y una concreción política que se inspiraba en el auge frenético de un liberalismo sectario y excéntrico. Esta escuela nutrió a una generación pensante que traspasó los linderos del siglo. Ese "espíritu del día" estaba penetrado por los rayos del positivismo, desde el medio siglo XIX. Así vino a configurarse una mentalidad de porte científico, orientada hacia un neo empirismo, obviamente adverso a toda inquietud metafísica y ajena, consecuentemente, a toda vivencia religiosa. El hálito materializarte del positivismo fue afablemente asimilado por el liberalismo sectario, envuelto en las miasmas de la masonería revolucionaria. Ese fue el "liberalismo" que generó la eclosión de erizaciones político-religiosas de muy amarga memoria.

Con todo, el basamento de la institucionalidad recibió, en esos días finales del siglo XIX, un aporte decisivo de solidez. El metabolismo nacional pudo incorporar los contenidos sanos de la época y neutralizar las toxinas enervantes. Pudo la Patria continuar su desarrollo, a salvo de las debilidades que constituyeron otrora su atadura. El Estado costarricense halló así el camino del siglo XX; marchó con optimismo por sus: espaciosas vías, exhibiendo garboso su estampa liberal, pero sin desmedro de su identidad histórica.

De esta manera Costa Rica Mostró que

"cada nación permanece, a veces inconscientemente, fiel al ideal que, determinó su nacimiento". Aron, Raymond, o.c.p.67.

Solo que en este caso el fenómeno se produjo con un alto grado de conciencia, característico del desarrollo social y político del país.

BIBLIOGRAFÍA

Alvarado Quirós, Alejandro
LA DEMOCRACIA
Editorial Trejos Hermanos,
San José, Costa Rica, 1939.

Aron, Raymond
ENSAYO SOBRE LAS LIBERTADES
Versión española de Ricardo Ciudad Andreu.
Tercera edición,
Alianza Editorial S.A.,
Madrid, 1974.

Arvon, Henri
EL ANARQUISMO
Primera edición en español,
Paidos,
Buenos Aires, 1971.

Bakunin, Miguel
LA LIBERTAD
Versión española de Santiago Soler Amigó,
Primera edición,
Editorial Grijalbo S.A.,
México, 1972.

Baudin, Luis
EL ALBA DE UN NUEVO LIBERALISMO
Versión española,
Fomento de Cultura, Ediciones,
Valencia.

Bauer Paiz, Alfonso
DESTELLOS Y SOMBRAS DE LA HISTORIA PATRIA
Editorial Escolar "Piedra Santa",
Guatemala, 1976.

Bernard Villar, Jeannette
PINCELADAS PERIODISTICAS DE LA COSTA RICA DEL SIGLO XIX
Ministerio de Cultura Juventud y Deportes,
San José, Costa Rica, 1976.

Blanco Segura Ricardo.
HISTORIA ECLES1ASTICA DE COSTA RICA.
Editorial Costa Rica,
San José, Costa Rica, 1967.

Cassier, Ernest.
EL PROBLEMA DEL CONOCIMENTO.
Versión española de Wenceslao Roces,
Fondo de Cultura Económica,
México, 1963.

Constant, Benjamín.
PRINCIPIOS DE POLITICA.
Versión española de Josefa Hernández Alfonso,
Aguilar SA.,
Madrid, 1970.

Cordero Solano, José Obdulio
EL SER DE LA NACIONALIDAD COSTARRICENSE,
Primera edición,
Editorial Tridente,
Madrid, 1964.

De Tocqueville, Alexis
LA DEMOCRACIA EN AMERICA
Versión española de Dolores Sánchez de Aleu
Editorial de la\Universidad Autónoma de Centro América,
San José, Costa Rica, 1986.

Fernández Guardia, Ricardo:
MORAZAN EN COSTA RICA
Primera edición,
Editorial Lehmann,
San José, Costa Rica, 1943.

COSTA RICA EN EL SIGLO XIX. (Relatos de visitantes extranjeros)
Traducción, datos biográficos y notas de R. F.G.,
Editorial Gutenberg,
San José, Costa Rica, 1929.

LA GUERRA DE LA LIGA Y LA INVASION DE QUIJANO
Imprenta Nacional,
San José, Costa Rica, 1934.

COSAS Y GENTES DE ANTAÑO.
Segunda edición,
Editorial Trejos Hermanos,
San José, Costa Rica, 1934.

Heller, Hermann
TEORIA DEL ESTADO.
Versión española de Luis Tobío,
Cuarta edición en español,
Fondo de Cultura Económica,
México, 1961.

Henríquez Ureña, Pedro.
HISTORIA DE LA CULTURA EN LA AMÉRICA HISPÁNICA.
Octava edición,
Fondo de Cultura Económica,
México, 1966.

González Flores, Luis Felipe.
HISTORIA DE LA INFLUENCIA EXTRANJERA EN EL DESENVOLVIMIENTO EDUCATIVO Y CIENTIFICO DE COSTA RICA.
Imprenta Nacional,
San José, Costa Rica, 1921.

González Víquez, Cleto.
OBRAS HISTORICAS, TOMO I.
Segunda edición,
Publicaciones de la Universidad de Costa Rica,

Ciudad Universitaria Rodrigo Facio, 1973

Iglesias, Francisco María.
BRAULIO CARRILLO.
Segunda edición,
Editorial Costa Rica,
San José, Costa Rica, 1971.

Lambed, Jacques.
ESTRUCTURAS SOCIALES E INSTITUCIONES POLITICAS
1978.

Láscaris Comneno, Constantino:
DESARROLLO DE LAS IDEAS FILOSOFICAS EN COSTA RICA.
Editorial Costa Rica
San José, Costa Rica, 1975.

EL COSTARRICENSE.
Editorial Universitaria Centroamericana (EDUCA)
San José, Costa Rica, 1975.

Laski, Harold J.
EL LIBERALISMO EUROPEO
Fondo de Cultura Económica,
México, 1969.

Locke, John
ENSAYO SOBRE EL GOBIERNO CIVIL.
Versión española de Amado L. Ros.
Reimpresión, Aguilar S.A.
Madrid, 1973.

Malavassi Vargas, Guillermo.
LOS PRINCIPIOS CRISTIANOS DE JUSTICIA SOCIAL Y LA REALIDAD HISTORICA DE COSTA RICA.
Trejos Hermanos,
San José, Costa Rica, 1977.

Marías, Julián.
HISTORIA DE LA FILOSOFIA.
Décimo segunda edición,
Revista de Occidente,
Madrid, 1960.

Meléndez Chaverri, Carlos.
DR. JOSE MARIA MONTEALEGRE,
Imprenta Nacional,
San José, Costa Rica, 1868.

Mill, John Stuart.
SOBRE LA LIBERTAD
Versión española de Pablo Azcárate,
Alianza Editorial
Madrid, 1970.

Miller, William.
HISTORIA DE LOS ESTADOS UNIDOS.
Versión española de Andrés M. Mateo,
Editorial Novaro-México S.A.
México, 1963.

Mondolfo, Rodolfo.
MATERIALISMO HISTORICO, BOLCHEVISMO Y DICTADURA.
Ediciones Nuevas Ideas,
Buenos Aires, 1962.

Montúfar, Lorenzo.
FRANCISCO MORAZAN.
Segunda edición,
Editorial Universitaria Centroamericana (EDUCA),
San José, Costa Rica, 1970.

Obregón Loría, Rafael:
DR. JOSE MARIA CASTRO MADRIZ
La Nación,
San José, Costa Rica, 1949.

DE NUESTRA HISTORIA PATRIA- COSTA RICA EN LA FEDERAC1ON.
Publicaciones de la Universidad de Costa Rica,
San José, Costa Rica, 1974.

Ortega y Gasset, José.
ESPAÑA INVERTEBRADA.
Octava edición,
Revista de Occidente,
Madrid, 1952.

Peralte, Hernán G.:
AGUSTIN DE ITURBIDE Y COSTA RICA.
Editorial Costa Rica,
San José, Costa Rica, 1968.

LAS CONSTITUCIONES DE COSTA RICA.
Instituto de Cultura Hispánica. Instituto de Estudios Políticos,
Madrid, 1962.

EL DERECHO CONSTITUCIONAL DE LA INDEPENDENCIA DE COSTA RICA.
Trejos Hermanos,
San José, Costa Rica, 1965.

EL PACTO DE CONCORDIA.
Segunda edición,
Librería e imprenta Lehmann,
San José, Costa. Rica, 1955.

DON RAFAEL IGLESIAS.
Imprenta y Librería Trejos Hermanos,
San José, Costa Rica, 1928.

Pirene, Jacques.
HISTORIA UNIVERSAL.
Editorial Éxito S.A.,
Barcelona, 1972.

Proudhon, Pierre Joseph.
EL PRINCIPIO FEDERATIVO.
Versión española, Prólogo y notas, de F. Pi y Margall,
Aguilar, Madrid, 1971.

Rodó, José Enrique.
INDEPENDENCIA Y REPÚBLICA.
Obras Completas,
Aguilar,
Madrid, 1957.

Rodríguez, Mario.
CHATFIELD, CONSUL BRITÁNICO EN CENTRO AMERICA.
Versión española de Raúl Cálix Pavón,
Edición del Banco Central de Honduras,
Tegucigalpa, Honduras, 970.

Samayoa Chinchilla, Carlos.
EL QUETZAL NO ES ROJO.
Arana Hermanos,
México, 1956.

Sanabria Martínez, Víctor
ANSELMO LLORENTE Y LAFUENTE.
Segunda edición,
Editorial Costa Rica,
San José, Costa. Rica, 1972.

Sancho, Mario.
VIAJES Y LECTURAS.
Imprenta y Fotograbado La Tribuna,
San José, Costa Rica, 1938.

Soto Valverde, Gustavo Adolfo.
LA IGLESIA COSTARRICENSE Y LA CUESTION SOCIAL.
Editorial Universidad Estatal a Distancia,
San José, Costa Rica, 1985.

Walker, William.
LA GUERRA DE NICARAGUA.
Versión española de Ricardo Fernández Guardia,
Segunda edición,
Editorial Universitaria Centroamericana (EDUCA),
San José, Costa Rica, 1970.
Valdés Olivas Arturo.

LOS PASOS POR LA INDEPENDENCIA Y DESPUES DE LA PROCLAMACION
Tipografía Nacional,
Guatemala, 1957.

REVISTA DE COSTA RICA, Edición Centenario,
San José, Costa Rica, 1921.

ÍNDICE

NIL VOLITUM QUIN PRAE COGNITUM I
INTRODUCCIÓN. V
EL LIBERALISMO EN LA INDEPENDENCIA CENTROAMERICANA. 1
UNIONISMO NORTEAMERICANO Y UNIONISMO CENTROAMERICANO. 9
Y, ¿EN CENTRO AMÉRICA? 13
LA INSPIRACIÓN LIBERAL DEL ESTADO COSTARRICENSE. 19
¿UNA INCONSECUENCIA? 33
UNIONISMO Y SEPARATISMO, EL FONDO DEL PROBLEMA. 43
LOS HECHOS. 49
COSTA RICA Y LA DISOLUCIÓN DE LA REPÚBLICA FEDERAL. 63
CARRILLO Y MORAZÁN, ADALIDES DE CAUSAS OPUESTAS. 75
LAS POSTRIMERÍAS DE LA CAUSA FEDERALISTA. 103
LO QUE SUCEDIÓ DESPUÉS. 107
EL DOCTOR JOSÉ MARÍA CASTRO, SU IDEA POLÍTICA Y SU ACCIÓN. 119
LA LIBERTAD DE PRENSA. 127
LA INVIOLABILIDAD DE LA VIDA HUMANA. 129
LOS GENERALES BARRIOS. 135
LO QUE OCURRÍA EN COSTA RICA. 139
LAS EVENTUALIDADES. 143
EL LENGUAJE DE LAS CONMINACIONES. 145
LA RUTA DEL LIBERALISMO COSTARRICENSE. 149
POTESTAD DE LOS PODERES. 157
LA LEY DE BASES Y GARANTÍAS. 173
HURGANDO EN SUS MOTIVACIONES. 177
LA IDEA PRINCIPAL DE CARRILLO, DESPUÉS DE CARRILLO. 181
RECAPITULACIÓN. 187
BIBLIOGRAFÍA. 191

www.ingramcontent.com/pod-product-compliance
Lightning Source LLC
LaVergne TN
LVHW041205150826
845673LV00001B/292

* 9 7 8 9 9 3 0 5 8 2 7 9 4 *